影响世界的父教法则

60位世界杰出精英的父教智慧

李彦芳◎著

西苑出版社
XIYUAN PUBLISHING HOUSE
北京

图书在版编目（CIP）数据

影响世界的父教法则：60位世界杰出精英的父教智慧 / 李彦芳著．— 北京：西苑出版社，2013.5
ISBN 978-7-5151-0366-2

Ⅰ．①影…　Ⅱ．①李…　Ⅲ．①家庭教育－通俗读物
Ⅳ．① G78-49

中国版本图书馆 CIP 数据核字（2013）第 093418 号

影响世界的父教法则：60位世界杰出精英的父教智慧

作　　者　李彦芳
责任编辑　张照富
出版发行　西苑出版社
通讯地址　北京市朝阳区和平街11区37号楼
邮政编码　100013
电　　话　010-88637122
传　　真　010-88637120
网　　址　www.xiyuanpublishinghouse.com
印　　刷　北京中印联印务有限公司
经　　销　全国新华书店
开　　本　710mm×1000mm　1/16
字　　数　252千字
印　　张　17
版　　次　2013年8月第1版
印　　次　2013年8月第1次印刷
书　　号　ISBN 978-7-5151-0366-2
定　　价　35.00元

（凡西苑出版社图书如有缺漏页、残破等质量问题，本社邮购部负责调换）

推荐序

向名人父母学教子，许给孩子一个美好未来

卡尔·威特说："对于孩子来说，最重要的是教育，而不是天赋。"孩子成不成材，很大一部分在于父母如何教育。怎样才能培养出优秀的孩子？最简单有效的方法就是，学习优秀的成功教育理念和方法。

父母的教育对孩子的成长和发展起决定性的作用，是家庭教育最核心、最重要的部分。一个孩子是否有良好的家教，很大程度上由他有一个什么样的父母来决定。

古今中外，许多杰出人物的成长，都与父母的教育分不开，他们最终从社会底层走向人生的辉煌，很大程度上有赖于伟大的父母。如果说这些杰出人物影响了他们的时代，推进了社会的发展，那么，也可以说他们的父母影响和塑造了他们。

这些杰出人物，永远是孩子学习的榜样，而他们的父母，也永远是后人需要学习的教子典范。因为这些杰出的父母，不仅以身作则培养出了优秀的儿女，还为后世留下了珍贵的教子智慧和经验。

《影响世界的父教法则：60 位世界杰出精英的父教智慧》和《影响世界

的母教法则：60 位世界杰出精英的母教智慧》两本书便是这些杰出父母教子智慧的总结，分别撷取了 60 位杰出父亲和母亲育子成材的感人片断，生动细致地再现了他们的教子现场，并对他们的做法进行深入的研究和分析，不仅使其经验由感性层面上升到理论高度，而且对其进行了系统的归纳并提出了具体实用的操作方法。

纵观本书，观点深刻新颖、语言通俗生动、论述条理严密、方法简单实用，实在是一套不可多得的教育指导书。

“父教法则”共选择了列宁之父、伽利略之父、冰心之父、托尔斯泰之父、詹天佑之父、司马迁之父、司马光之父、洛克菲勒之父、宋庆龄之父、徐悲鸿之父、麦克阿瑟之父、居里夫人之父、黑格尔之父、松下幸之助之父、比尔·盖茨之父等 60 位世界精英父亲的教育故事，并深入剖析和总结了他们的教育智慧和教育方法。

“母教法则”共选择了贝多芬之母、茅盾之母、丘吉尔之母、罗斯福之母、亨利·福特之母、爱因斯坦之母、拿破仑·希尔之母、小布什之母、欧阳修之母、岳飞之母、齐白石之母、顾炎武之母、马克·吐温之母、林肯之母、林则徐之母、爱迪生之母、安徒生之母、霍英东之母、卡耐基之母等 60 位世界精英母亲的教育故事，并深入剖析和总结了他们的教育智慧和教育方法。

在书里这些名人父母联手用实践向读者演绎了培养世界杰出精英的教育智慧。作为一名家长，通过阅读本书你一定会发现：其实这些杰出人物的父母都很平凡，平凡得和你一样。

他们身上所蕴涵的爱的力量，你也同样拥有。

他们可以培养出杰出的孩子，你照样也可以塑造出天才的儿女。

最后，衷心祝愿阅读本书的家长都能实现望子成龙、盼女成凤的美好心愿。

成墨初 推荐

2013 年 4 月 25 日于北京

目录
CONTENTS

第三章 尊重孩子，让孩子做自己的主人

第四章 培养孩子做人的美好品德

第五章 塑造并强化孩子的良好行为

第六章 父亲要帮助孩子学会学习

第七章 身心健康是保障孩子成长的基础

第八章 成功源于一些细小的习惯

第一章

教育前先学握科学的教育理念

于谦做孩子的好榜样

于谦，字廷益，号节庵。明代名臣，民族英雄。于谦为官刚正不阿、两袖清风，深受百姓爱戴。天顺元年，于谦以“谋逆”罪被冤杀。弘治年间谥号肃愍，万历改谥忠肃，有《于忠肃集》。与岳飞、张煌言并称“西湖三杰”。代表作品有《石灰吟》《节庵诗文稿》《除夜太原寒甚》等。

于谦是明朝著名的政治家，于永乐十九年考取进士。宣德年间被任命为御史，后来巡按江西，为几百个囚犯平反。由于政绩出色，被越级提升为兵部右侍郎，巡抚河南、山西，宣德正统十四年召为兵部左侍郎。

于谦为官清正廉洁，从不多拿百姓的钱财，也不收受别人的贿赂。在对待子女的教育上，他要求孩子珍惜时光，做一个正直的人。

于谦在担任山西巡抚时，日理万机。有一天，他接到从家里寄来的信，信中说几天后就是他的大儿子于冕 13 岁的生日，儿子希望父亲能送给自己一份礼物。

于冕当时和祖父祖母住在钱塘老家，不在于谦的身边。读完信后于谦才想起来，上一次家书中已提及此事，由于自己公事繁忙忘记了。

在给儿子什么礼物的问题上，于谦想了很久。最后，他决定给儿子写一首诗，表达自己的期望和对儿子的祝福。

于是，他提笔写道：

阿冕今年已十三，耳边垂发绿鬓鬓。好亲灯光研经史，勤向庭闱奉旨甘。衔命年年巡塞北，思亲夜夜想江南。题诗寄汝非无意，莫负青春取自惭。

于谦告诫儿子，现在正值大好年华，应该读书上进，不要挥霍了大好的青春。还告诉儿子自己虽然公务繁忙，但是还想着家乡的亲人。

收到父亲的来信，于冕很高兴。读完信后，他体会到父亲对自己殷切的希望，决定按照父亲说的去做，认真读书、孝敬祖父母。

经过一番苦读和学习，于冕后来被授予副千户，做官后的于冕对父亲的为人有了进一步的了解。

公元1449年，“土木之变”发生，明英宗被瓦剌军俘虏，于谦受命组织抵抗瓦剌军。他向朝廷推荐了因为过错被削去了职务的石亨。得到重用的石亨，指挥五军大营，后根据于谦的战略部署，在德胜门外打败了瓦剌军的进攻。

后来，石亨被封为侯爵，而于谦却没有被封侯。得知这件事情后，石亨上书皇帝推荐于冕，要求把于冕调进京师。

于谦知道后，坚决不同意这种做法，他对皇帝说：“目前国家正值多事之秋，做臣子的如果深明大义，在这个时候是不会顾念个人利益的。”

对推举自己儿子的石亨，他批评道：“石亨身为大将，不去举荐那些埋没在民间的有才之士，不去提拔那些行伍中的有志之士。却独独推荐我的儿子，这样难道是公平的吗？”

最后，他郑重地说：“对于因功受赏这件事，我一向坚决反对投机取巧、拉裙带关系。绝不敢因我儿子的事而破坏了国家的法度。”

于谦说得很坚决，皇帝听取了他的意见。

于谦拒绝赏赐的事情很快传开了，儿子于冕刚开始不明白父亲的做法，后来，经过一番思考，于冕才明白父亲这样做的良苦用心。

原来，于家世世代代遵循“忠于社稷”的家风，祖辈父辈都是具有浓厚爱国思想的读书人。他的祖父非常尊崇南宋的抗元英雄文天祥，家中供奉着文丞相的遗像，藏有文丞相的作品和有关书籍。

于家的子孙从小就知道文天祥的爱国故事，在这种环境下长大的于谦自幼刻苦读书，以求报效国家。

于谦十几岁时写成的《石灰吟》就表达自己的抱负和气节：

千锤万凿出深山，烈火焚烧若等闲。粉骨碎身浑不怕，要留清白在人间。

想到这些，于冕为自己之前的想法感到惭愧，同时也被父亲的高贵品质所感动。他决定要像父亲一样，做一个爱国的人，做一个两袖清风的人。

名人教子启迪

于谦是一位成功的父亲，他以身作则，为孩子树立了一个良好的榜样，这样才使得于家的子孙十分正直。

要对孩子进行成功的教育，爸爸应先做出榜样，因为爸爸的一言一行，一举一动，都是孩子的效仿源，孩子的很多行为习惯都是从爸爸那里学来的。

经过研究发现，爸爸有不良习惯，如吸烟、酗酒等不健康行为时，往往会影响到孩子。孩子通过仿效爸爸的行为，也产生了一些不良习惯和行为。

孩子在家庭的日常生活中，和爸爸朝夕相处，日夜为伴，尤其未成年的孩子，对爸爸的依赖性、依恋性、模仿性最强，而这时爸爸在孩子的心目中威信最高。

孩子认为爸爸的一切言行举止都是最标准，最美好的，对爸爸的一切言行都有强烈的模仿欲望：爸爸的走路说话、待人接物、欢乐与痛苦等，孩子都努力去模仿，好坏兼收。

爸爸的影响是在无意识中产生的，其作用也最直接、最深刻、最持久。因此，在孩子面前，爸爸从思想品德到生活小节，都没有小事。

要教育孩子具有较高的社会公德，爸爸自己就必须成为这样的人；要求孩子积极进取、勇敢拼搏，爸爸也要率先示范。只有这样，才能对孩子产生积极、深远的影响。

专家给父亲的教子建议

建议一：爸爸要不断提高自身素质和修养

爸爸要给孩子做好榜样，自己本身必须要优秀。这就要求爸爸不断进行自我教育，提高自身的素质和修养，纠正自身的坏习惯和不良行为。

爸爸还应该注意培养自己良好的心理素质和心态，以及正确的世界观和人生观等等。只有爸爸自身的素质和修养过硬，才能培育出优秀的孩子。

建议二：对孩子要“言教”，更要“身教”

行“言教”而更重“身教”，是教育的最高境界。

爸爸不仅是一种权威，也是孩子言行举止标准的提供者，是具有强烈的暗示和感染力量的具体形象。

“以教人者教己”，爸爸要求在孩子身上形成的品质和良好习惯，自己都应首先具备，用自身的行为为孩子做示范。

建议三：从生活细节上给孩子做良好示范

在家庭教育中，爸爸经常会对孩子说“应该这样做”“不应该那样做”，可是这种空洞的说教所起的作用往往微乎其微。

此时，爸爸在日常生活中要谨言慎行，从生活细节上给孩子做良好的示范，这样，孩子才能知道什么是对的，怎样做才是好的。

建议四：爸爸对孩子要言行一致、说话算数

爸爸要求孩子言行端正，品德优良，就必须先从自己做起。

无论何时何地，爸爸应言行一致，表里如一，决不能说一套、做一套，在外一套、在家一套，当面一套、背后一套。

在孩子面前，爸爸只有言行一致、说话算数，才能在孩子面前树立威信，才能让孩子对爸爸的管教心服口服。

杜甫认为教育必须顺应孩子的天性

杜甫，字子美，自号少陵野老，盛唐时期伟大的现实主义诗人。被后人尊为“诗圣”。他忧国忧民，人格高尚。他的诗在中国古典诗歌中的影响非常深远，备受推崇，后世诗人有“最尚杜工部之系心国民”之语，他的诗被称为“诗史”。有《杜工部集》。代表作品有《奉赠韦左丞丈二十二韵》《月夜忆舍弟》《春望》等。

杜甫是我国现实主义诗人，他经历了唐代由盛到衰的过程，诗中多为对国家的忧虑及对老百姓困难生活的同情。

杜甫对自己的孩子寄予厚望，他为两个儿子分别取名为宗文、宗武。希望他们能够继承中国古代的两位圣人——周文王、周武王的思想，为国家的盛世做出自己的贡献。

为了让孩子接受正确的教育，杜甫决定亲自教孩子读书。可是随着孩子渐渐长大，杜甫发现大儿子宗文天性愚笨、理解力差，不是念书的料，为此他感到很难过。

但是，杜甫没有强迫大儿子继续念书，而是教宗文干农活。宗文很快就学会了怎么盖鸡窝、夹篱笆、砍毛竹等，而且手脚利落，不像学习时那么不知所措。

二儿子宗武天资聪颖，脑子灵活。早在他牙牙学语的时候就能断断续续地背诵诗歌了，杜甫甚至高兴地作诗一首记录了这件事。

杜甫花了很多的心血培养宗武，从小就教他识字、写字。在宗武十来岁的时候，杜甫就给他讲解《昭明文选》，还让他背诵《昭明文选》的原文。

宗武背不下来的地方，杜甫就给予提示。

杜甫曾经写道：

小子何时见？高秋此日生。自从都邑语，已伴老夫名。诗是吾家事，人传世上情。精熟《文选》理，休觅彩衣轻。

杜甫告诫儿子，要好好学习继承家学传统。学习时不要望文生义，要努力钻研，弄懂文章的道理。

等到宗武15岁左右，杜甫开始指导他作诗写文章。杜甫将对儿子的教导做成一首诗，诗中写道：

觅句新知律，摊书解满床。试吟青玉案，莫羡紫罗囊。

杜甫很高兴宗武能够按照格律去遣词造句，还能做到广泛查阅书籍，去寻找词语的出处，检索典故。但同时，杜甫担心宗武自满，就叮嘱他要精心作诗，不要把心思放在玩物上。

对两个孩子不同的天分，杜甫采用了不同的方法教育他们。大儿子不喜欢念书，杜甫就指导他务农；小儿子天性聪颖，杜甫就在读书上多加指点。

杜甫顺应孩子的天性进行教育，取得了很好的效果。而且，杜甫对自己教子颇有一番心得体会，当得知陶渊明曾作诗表达对孩子的不满后，杜甫作诗《遣兴五首》（其三）表达自己的看法：

陶潜避世翁，未必能达道。有子贤与愚，何其挂怀抱！

陶渊明曾作诗表达自己的失望之情："白发被两鬓，肌肤不复实。虽有五男儿，总不好纸笔。天运苟如此，且进杯中物。"

杜甫认为，陶渊明的孩子："阿舒已二八，懒惰故无匹。阿宣行志学，而不爱文术。雍端年十三，不识六与七。通子垂九龄，但觅梨与栗。"是因为他没有顺应孩子天性教育。

杜甫强调，教育孩子的正确方法是顺其自然天性，不可强迫孩子按自己的路走。

名人教子启迪

对于处于成长期的孩子而言，合适的教育方法对提高孩子的学习效率非常重要。世界上没有两片相同的树叶，当然也不存在两个完全相同的孩子。

对于不同个性的孩子，爸爸应该根据孩子的自身情况，采取不同的教育方法。杜甫正是明白这样一个道理，才使两个孩子都健康成长。

正如杜甫的两个孩子那样，孩子的智力存在着高与低的差异。孩子可能在某一领域表现出高于常人的智力，而在别的领域所表现出的智力还不如常人。例如杜甫的大儿子宗文在读书方面天资不足，但在农活方面却做得很好。

正如古人所说："智者之所短，不若愚者之所长；贤者之所不足，不若众人之有余。"每个孩子天性不同，如果爸爸能在孩子年幼时及时发现，因势利导，必然也能将孩子培养成材。

因此，爸爸要学会因材施教，采取适合孩子天性特点的教育方法，对孩子的成材是非常有利的。

专家给父亲的教子建议

建议一：根据年龄阶段教育孩子

不同年龄段的孩子具有不同的特点，爸爸应该根据孩子年龄的变化及时调整教育方法。

随着孩子年龄的增长，孩子的心理也逐渐成熟起来。对此时的孩子，爸爸应该用发展、全面的眼光看待，尊重孩子，不粗暴干涉孩子的生活和学习。

爸爸可以从生活细节中观察到孩子的情况，当孩子迷惑时，也应该给予指导和建议，引导他健康成材。

建议二：根据思维类型教育孩子

根据孩子的思维类型来教育孩子，能极大地提高孩子的学习兴趣和学习效率。

爸爸首先应该了解自己孩子的思维类型，然后根据孩子的特点来进行教育。

有的孩子对声音比较敏感，爸爸应该鼓励他上课更加认真地听讲，以增加学习效果；如果孩子对画面比较敏感，爸爸可以把各种知识通过画面等来表现，孩子学习效率会更高。

建议三：根据性格特点教育孩子

每个孩子都有自己不同的性格。有的勇敢，有的谨慎，不同的性格特点决定了爸爸在教育孩子时，应该采取不同的方法。

由于孩子成长环境、遗传等因素的影响，孩子的性格会呈现各自不同的特点。爸爸应该在平时生活中多观察孩子的行为，了解其性格，根据不同的性格特点采取不同的教育方式。

建议四：根据兴趣去发掘孩子的特长

每个孩子都有自己的兴趣，根据孩子的兴趣来培养孩子的特长，利于孩子成材。

孩子在平常的生活和游戏中会表现出对某方面的兴趣和特长，只要爸爸细心观察，就能及时发现，从而采取相应的教育方法。

爸爸可以在平时多观察孩子感兴趣的游戏，从中发掘出孩子的特长，细心培养。

列宁之父为孩子营造良好的成长环境

列宁，原名弗拉基米尔·伊里奇·乌里扬诺夫，著名的马克思主义者、无产阶级革命家、政治家、思想家、理论家、布尔什维克党创建者、苏联缔造者。他被世人认为是20世纪最伟大的人物之一。代表作品有《国家与革命》《帝国主义是资本主义的最高阶段》等。

1870年4月22日，弗拉基米尔·伊里奇·乌里扬诺夫生于俄国伏尔加河畔的辛比尔斯克，这个小男孩就是列宁。

列宁的父亲伊利亚·尼古拉也维奇·乌里扬诺夫是一位教师，后来成为辛比尔斯克省的国民教育总监，列宁的母亲是一个多才多艺、活泼和蔼的女性。

列宁的父亲伊利亚是一个正直的人，他的大部分时间都是去下面调查研究，而且一走就是几个星期，经常不在家。

但是父亲每次回来，列宁都非常高兴。因为父亲每次回来，都能给他带来很多有趣的消息，比如，人们同巡官、地主进行了怎样的斗争，什么地方新建了新式的建筑等。从父亲的讲述中，列宁在心中构建着外面世界的模型。

列宁和几位兄弟姐妹有时询问父亲对外面发生的事情的看法，有时表示不同的意见。父亲也鼓励他们发表不同的看法，从不用自己的权威要求孩子们服从。

平时，父亲也让列宁参加大人的讨论，允许他提出不同意见。如果提得不对，父亲就认真向他解释；有时列宁的意见正确，父亲也毫不吝啬表扬他。在这种充满爱的家庭氛围中，列宁和兄弟姐妹都能勇敢表达自己的想法。

父亲非常关心列宁的学习，从列宁五岁开始，父亲就教他读书。父亲力求使列宁从小养成读书的习惯，为他订阅了各种儿童刊物，为他提供各种书籍。

父亲还注意为列宁创造一个好的学习环境，为列宁安排了一张书桌，还提供了书柜。

父亲除了在学识上严格教育列宁，还注意培养列宁爱劳动的习惯。从小就让列宁自己整理用过的书本，等到列宁稍微大一点后，父亲就让他帮着做家务。

和睦的家庭氛围，让列宁自由发展。当然，父亲并没有放弃对列宁的严格要求，在家中，列宁的作息时间有严格的规定，违反了就要受到惩罚。

列宁从小就是在这种环境里受到了良好的教育和严格的要求，这为他以后从事革命事业打下了很好的基础。

1887年，列宁中学毕业，就读于喀山大学法律系。在大学期间，列宁始终关注穷苦大众的生活。后来因为在学校参加学生运动而被开除学籍，流放到喀山附近的柯库什基诺村监视居住。

后来因为母亲的努力，列宁得以改判到姐夫所居住的农村继续被警察公开监视居住。在这里，列宁自学了马克思主义，确立了以后的人生奋斗目标。

名人教子启迪

列宁父亲的教育无疑是成功的家庭教育，父亲给了列宁丰富多彩的生活环境和条件，这是列宁积极进取的物质基础。

环境具有强大的影响力，它是立体化的、从头到尾的“三维教材”。就像青蛙在不同的环境中会改变不同的体色，孩子在不同的环境中会长成不同的个性。

赞扬的环境，让孩子自信；鼓励的环境，让孩子勇敢；分享的环境，让孩子慷慨；讽刺的环境，让孩子自卑；羞辱的环境，让孩子自弃；敌意的环境，让孩子对立；诚实与正直的环境，让孩子坚持真理与公正。

良好的成长环境，对孩子的健康成长是十分重要与迫切的。在孩子的成长环境中，家庭环境对孩子的影响最深刻，家庭生活给孩子的身心发展打上的烙印，终生难以磨灭，在孩子的一生成长发展过程中起着重要作用。

这是因为孩子从出生到独立，绝大部分时间生活在家庭里，家庭环境对孩子有耳濡目染、潜移默化的教育作用。

因此，每位爸爸都应当向列宁的父亲学习，重视孩子的成长环境，努力给孩子创造良好的成长环境。

专家给父亲的教子建议

建议一：建立温馨、和谐的家庭气氛

爸爸要努力建立温馨、和谐的家庭气氛，既要搞好与家庭其他成员之间的关系，又要平等地对待孩子。

爸爸要爱护孩子，对孩子尊重信任，尽量不板面孔，不随意呵斥、打骂，以平等的、民主的、朋友式的态度与孩子相处，应少一些“专制”式的做法，建立起新型民主的家庭关系。

建议二：形成健康、文明的生活情趣

爸爸要有意识地在家庭中培养文明健康的生活情趣，如关心时事形势、热爱科学、爱好音乐文艺、喜欢参加体育活动、注重文化修养、语言文明等。

对不文明的东西，爸爸要善于诱导，提高孩子辨别是非的能力，增强免疫力。当然，在这方面爸爸应处处以身作则，做孩子的表率。

建议三：树立端正、良好的家庭风气

优良的家庭风气，是良好家庭环境的重要组成部分，是有效的无形教育手段，对孩子有重要的影响作用。

树立良好的家风，要求家庭成员有良好的伦理道德观念，要形成和睦互助、敬老爱幼、谦让有礼、积极上进、努力学习、诚实守信、热爱劳动、勤俭持家的好风尚。

建议四：创建勤读、好学的智慧环境

爸爸要以身作则，给孩子树立读书读报的好榜样。一家人要经常一起读书、学习、讨论，营造浓厚的家庭学习氛围。

爸爸还要给孩子设立书柜，经常带孩子逛书店、书城，给孩子购买喜爱的书籍。此外，爸爸还要及时表扬孩子在学习上的进步，激发孩子的学习兴趣和帮孩子树立学习的信心。

建议五：创设属于孩子自己的小天地

给孩子设立一个属于自己的小天地，给孩子更多的自由活动时间和空间，让孩子自由地表达自己的心愿和体会。

孩子可以在自己的小天地里，凭自己兴趣选择活动内容，积极愉快地学习。同时也可以邀请好伙伴共享愉快时光。

伽利略之父善于发现孩子的闪光点

伽利略·伽利雷，意大利物理学家、天文学家和哲学家，近代实验科学的先驱者。他首先提出并证明了同物质同形状的两个重量不同的物体下降速度一致，并以系统的实验推翻了亚里士多德的诸多观点，被称为“近代科学之父”。他还改进望远镜，支持哥白尼的日心说。

纵观历史上那些伟大的发明家，我们总能发现，在他们成长的道路上，都有一位或者几位对他们影响很大的人物。他们用自己的学识、言行，有意识地培养着这些伟大人物。

1564年2月25日，伽利略出生在意大利西海岸比萨城的一个破落的贵族之家。他的父亲多才多艺，是个很有才华的音乐家，曾经出版过几本牧歌和器乐作品，还精通希腊文、拉丁文和英语。

父亲的多才多艺并不足以让家庭走出困境，伽利略出生时，家庭条件已经十分窘迫了。但是为了维持一家人的生活，父亲放弃了自己的艺术追求，违背自己的意愿去经商。他为儿子取名伽利略，是希望儿子能成为一个伟大的人物。

虽然很忙，但伽利略的父亲总是能抽出时间陪儿子，教他拉手风琴、绘画。让他惊喜的是，伽利略在艺术上表现出很高的天赋。

学会拉小提琴的伽利略似乎有无限的精力，他又有了新的兴趣点——数学。开始时，父亲想让伽利略学习绘画，为了让伽利略更好地掌握绘画的基本技法，父亲找来许多几何图形的物体。但自从接触了几何图形后，伽利略就迷恋上了数学。

父亲没有强迫伽利略继续学习音乐。伽利略常常为解开一道数学题而绞尽脑汁，甚至到了废寝忘食的地步。他好像每时每刻都在思考，逐渐养成了习惯。

在父亲的关爱下，伽利略 7 岁时在音乐、绘画、数学方面都已经小有造诣。除了善于思考外，伽利略还善于观察。

一天晚饭后，父亲带着家人到比萨广场散步。伽利略和妹妹像飞出笼子的小鸟，高兴地在广场上奔跑、跳跃。

突然，伽利略跑到父亲身边，指着前边的比萨斜塔，好奇地问："爸爸，那座塔为什么是斜的？"

"那是比萨斜塔。当初建造这座塔的时候，由于计算上的错误，塔还没建成就已经倾斜了。"父亲总是尽量回答这个充满好奇心的儿子问的问题。

伽利略还不满意，他接着问父亲："它为什么不会倒呢？"这个问题把父亲难住了，但父亲还是诚实地对儿子说："这个，我也不知道。"

为了满足孩子的求知欲，父亲决定把伽利略送到修道院学习。伽利略 12 岁那年，进入修道院。按照修道院的安排学习了一段时间后，伽利略变得安静了，他能读出书中的教义，开始热衷于宗教。

父亲知道，伽利略有一颗不同于教士的心。他总有醒悟的一天，当他醒悟后，是不会甘心被束缚在宗教当中的。父亲决定引导伽利略打破对教义的迷信，把他送到新的环境中学习。

经过父亲耐心地开导，伽利略终于被说服了。临走时，父亲送给他一本书，书中的两句话对伽利略影响很深：

在我看来，他们仅仅是依靠权威的力量来证明什么，而不是引用任何论据来支持自己的论断，这简直是荒唐可笑。与此相反，我希望允许自由提问和作答，而不需要任何对权威的逢迎，那才是真正追求真理。

在新的环境里，伽利略又恢复了他以前的活力，大胆探索、认真研究。从此，伽利略走上了科学研究的道路。

如果不是伽利略父亲的明智决定，恐怕就会少了一个伟大的科学家，伽利略会终生埋没在修道院里。

名人教子启迪

每个孩子都有自己的特点，这些特点可能会成就孩子的一生。伽利略的父亲了解他善于思考和观察的特点，就通过这些闪光点，帮助他找到自己的特长潜能，成就了他的一生。

孩子的闪光点，也就是孩子身上存在的优秀个性特点、兴趣爱好、特长等。由于先天遗传基因和后天环境的关系，每个孩子的表现都不同，爸爸要从孩子的日常行为表现中，发现孩子的闪光点，根据孩子的这些不同亮点来塑造孩子。

有的孩子可能好动，好动不等于多动症，好动的孩子身体比较健康，乐于动手，这又促进了智力的发展，激发创造力。爸爸可以根据这个特点，引导孩子往智力方面发展。

有的孩子可能对音乐比较敏感，表现为喜欢听歌、跟着唱，听到音乐比较兴奋；有的孩子对色彩比较敏感，可以开发孩子的绘画天赋；有的孩子逻辑思维比较强，具有数学方面的优势等。

孩子的闪光点，有的表现并不是很明显，具有一定的隐性，爸爸就要善于观察，从孩子的日常表现中挖掘。

当然，这就要求爸爸查明孩子行为的深层原因，不要看到孩子表现不合常规，或者不能令人满意，就批评指责。应该顺势引导孩子，也就是要因材施教。

对孩子闪光点的发现不是最终目的，而是要利用这个闪光点，让孩子更好、更快地成长成材。爸爸更不能因误会而扼杀这个闪光点，这是对孩子的摧残。因此，爸爸必须能够分析和正确对待孩子的闪光点。

专家给父亲的教子建议

建议一：在玩中发现孩子的闪光点

孩子在玩耍的过程中，最没有压力，最有创造力和想象力，也最能把自身的潜能发挥出来。这时爸爸就要留个心眼，看看玩耍能揭示出孩子哪方面的天赋，然后根据这个，对孩子的培养和发展方向有更明确的认识。

建议二：在做事中发现孩子的闪光点

日常生活中，孩子有自己做事的特点，爸爸要善于发现孩子好的做事方式，让他发扬开来，扩展到其他方面。

例如伽利略的父亲，在了解到伽利略喜欢思考日常生活中的问题后，就引导学习，思考书中的问题，同样取得了好的效果。

建议三：根据闪光点培养孩子特长

发现孩子的闪光点，这个闪光点就是孩子表现出来的兴趣爱好，把这个兴趣爱好培养成特长，就是顺应孩子的特点来塑造孩子，也就是“因材施教”。这种方式最利于孩子的成长、成材。

建议四：让孩子多尝试新鲜事物

爸爸要鼓励孩子多尝试新鲜的事物，在尝试的过程中，孩子就会有一份体验和收获，同时能够发现自己在某些方面的特长和天赋，利于孩子潜能的开发。

建议五：激励孩子良好的表现

当孩子表现好的时候，爸爸要给孩子一定的激励、夸赞或者是感谢，让孩子感受到自己行为是正确的，得到了爸爸的肯定，他的心里会很高兴，身上的闪光点会继续下去。

马克·吐温教子要讲究惩罚方式

马克·吐温，原名萨缪尔·兰亨·克莱门。美国的幽默大师、小说家、作家、演说家。19世纪后期美国现实主义文学的杰出代表。威廉·福克纳称赞马克·吐温为“第一位真正的美国作家，我们都是继承他而来”。代表作品有《哈克贝利费恩历险记》《汤姆·索亚历险记》等。

马克·吐温是美国著名的幽默大师，美国批判现实主义的奠基人。被推崇为“美国文坛巨子”“文学家中的林肯”。

马克·吐温出生在密西西比河畔汉尼拔的一个贫穷的乡村里，11岁时父亲去世，从此，他开始承担起养家的重任。他在印刷厂当过学徒，当过送报员和排字工，还在密西西比河上当过水手和舵手。

马克·吐温明白生活的艰辛，所以对自己的孩子，他总是给予最大的包容。但是当孩子犯了错误，他却从不姑息。

马克·吐温有3个女儿，在家中他是一位慈爱的父亲。马克·吐温经常陪女儿做游戏，家里边常常充满了他和女儿的笑声。

不仅如此，马克·吐温还经常给女儿讲故事。每当他工作累了，就把女儿叫过来，让她们坐在自己的椅子扶手上，自由选择故事的题目。马克·吐温有很高的编故事能力，对于女儿的选题，他总是认真对待。

孩子们喜欢打打闹闹，有时候会犯错误。每当这时，马克·吐温就不再是一位纵容孩子玩乐的“老好人”，也不像其他父亲一样严厉地训斥孩子，而是惩罚孩子。

有一次，马克·吐温想带着孩子到农庄度假。这样一家人可以坐在堆满干草的大车上，心情愉悦地向郊外出发。

可是就在大车出发前，不知道因为什么事，大女儿苏西动手打了妹妹克拉拉，克拉拉放声大哭。苏西认识到错误后，主动向母亲承认错误，希望能够得到原谅。

但是按照马克·吐温制定的家规，大女儿苏西必须受到惩罚。惩罚的方式只需苏西自己提出来，经过母亲的同意后，就可以施行了。

苏西提出了几种惩罚的方式，她看看父亲的反应，又看看母亲。最后，她犹豫了很长时间，终于下定了决心，对母亲说："今天我不坐干草车去度假了，这会让我永远记住，不再重犯今天的错误。"

马克·吐温理解女儿的决定对她意味着什么，在女儿心中，这次度假她期盼了很久了。但是为了让女儿改正错误，他接受了女儿的决定。

马克·吐温晚年在回忆这件事时说："当时，并不是我让苏西做这件事的。可想起可怜的苏西失去了坐干草车的机会，至今仍让我感到痛苦——在26年后的今天。"

名人教子启迪

爸爸惩罚孩子的最终目的，是让孩子认识错误，而不是让孩子的身心受到伤害。就像马克·吐温教育大女儿那样，采用恰当的惩罚方式，帮助孩子记住并改正错误。

只有采用恰当的惩罚方法，让孩子自己认识错误所在，帮孩子分析错误原因，才能促使孩子去改正错误。也只有采用的方法合适，孩子才能欣然接受惩罚，改正错误。

生活中很多时候，爸爸都可以通过不一样的方式惩罚孩子，引导孩子自觉地发现错误，愉快地改正错误。

可是由于教子心切，很多爸爸往往忽略了孩子的感受，习惯于采用简单、粗暴的方式去纠正孩子的错误，孩子的自尊心、自信心就这样被伤害了。

惩罚要讲究方式，是指爸爸在惩罚孩子时，不要伤害孩子的人格及自尊，要就事论事。进行惩罚前，要引导孩子自己去发现自己的错误，找到错误的原因，找出弥补错误的方式以及思考改正错误后的好处等等。

爸爸只要惩罚方式巧妙，虽然也惩罚了孩子，却能够不伤害孩子自尊、人格，让孩子主动认错、改错，皆大欢喜，达到“治病救人”的目的。

孩子年纪小时反复犯错，往往是因为意识不到错误的根源所在。爸爸的指责、打骂式的惩罚都不能让孩子真正改错。只有用恰当的惩罚方式引导孩子，才能让孩子明白错误的根源，找到解决之道。

专家给父亲的教子建议

建议一：用拥抱、抚摸、亲吻代替打骂

与常被爸爸惩罚的孩子相比，一个常受到爸爸拥抱、抚摸、亲吻的孩子，长大后会更加处变不惊、沉着冷静，善于调节自己。

爸爸主动表达自己对孩子的爱，让孩子感受到温暖，能在无形中给孩子一个好性格、好情商、好未来。

如果爸爸的惩罚是出于爱，那爸爸就要换用一种更健康、无毒的惩罚方式。爸爸若能用拥抱、抚摸、亲吻代替打骂这一类的惩罚，将会给孩子带来终身的幸福。

建议二：降低期望值，别把孩子当“神童”

如果爸爸对孩子的期望值太高，一旦孩子无法如愿，就惩罚孩子，这会让孩子生活在痛苦中。

每个孩子的起点不一样，大多数孩子即使挨了打，挨了骂，学习成绩还提不上去，最后反而走向了逆反、暴力。

惩罚并不能造成“神童”，只会造就一个个精神痛苦、人格残缺的“残疾人”。爸爸既不要拿自己的孩子和其他优秀孩子比，也别把自己的孩子当“神童”。

建议三：允许孩子犯错，悦纳孩子的缺点

每个孩子都会犯错，都会有各种缺点，爸爸必须学会悦纳。如果爸爸想通过惩罚来消灭孩子的所有错误、缺点，那就打错算盘了。

孩子年纪小时，爸爸的打骂可能奏效，可是当孩子长大了，羞耻感丧失了，孩子也就不再对惩罚畏惧了。

卡尔·威特之父用赏识教育孩子

卡尔·威特，德国19世纪的著名天才。他精通德语、法语、意大利语、拉丁语、英语和希腊语六国语言，通晓动物学、植物学、物理学、化学，尤其擅长数学。16岁获得法学博士学位，并被任命为柏林大学的法学教授；23岁他发表《但丁的误解》一书，成为研究但丁的权威。

1800年，卡尔·威特出生在德国哈勒附近的一个小村庄——洛赫。刚出生的卡尔·威特体重才两公斤，手脚不停地抖动，不像平常的孩子，他哭起来像一只得病的小老鼠。邻居对卡尔·威特议论纷纷，说他是一个白痴。

母亲也认为这么弱小的孩子将来也不会有出息，幼小的卡尔·威特并不被周围的人喜爱。但卡尔·威特的父亲不这样看，他把这个孩子视为上天的礼物，他经常对卡尔·威特说："你是一个与众不同的孩子，是一个非常聪明、非常好的孩子。"

父亲认为，对孩子的夸奖，能向孩子传达非常强大的力量。卡尔·威特小时候目光呆滞，同学们都叫他白痴，这让卡尔·威特很痛苦。在父亲这里，他总能得到信心，父亲告诉他："你能行的，我相信你。"

老卡特认为，只要孩子有一处优点，就应该得到夸奖。孩子有的方面不够好，也不能打击孩子的自信心。孩子遇到困难时应该鼓励他战胜困难，孩子取得进步时，更应该得到夸奖。

卡尔·威特接触新知识的时候，非常不安，他不知道自己能不能做好。有一次，他写好一篇文章，不知道自己写的是好还是不好。当他拿给父亲看时，手都有点抖。

父亲接过卡尔·威特的文章，卡尔·威特不安地站在一旁，像一个等待审判的囚犯一样。父亲注意到他的紧张，没有说话，而是低头看他的文章。卡尔·威特的文章毫无逻辑可言，而且有很多错别字，毫无疑问，这是一篇糟糕的文章。

看完后，父亲沉默着，他不知道应该怎样告诉儿子。卡尔·威特也迷茫而忧伤地看着父亲，他知道父亲肯定很失望。

没想到父亲抬起头，满脸笑容地对他说："真是非常好的文章！这是你第一次写作，比爸爸第一次写文章时好多了。"卡尔·威特被父亲高昂的情绪感染了，他的眼中闪耀着兴奋的泪花。

这次事件以后，卡尔·威特刻苦读书写作。几天以后，他交给父亲第二篇文章。再次看到儿子文章的父亲发现，不仅语句流畅了，而且错别字也少了。他知道儿子下了很大的工夫，卡尔·威特也看到了父亲的喜悦，对自己更有信心了。

随着卡尔·威特的进步，周围人对他的看法也逐渐改变。人们不知道是什么魔力让一个愚笨的孩子获得如此大的进步。

在卡尔·威特的成长中，父亲的夸奖就像一道温暖的阳光伴着他勇敢前行。他相信自己是最棒的，在父亲为他提供的学习规划里孜孜不倦地汲取知识。

在他八九岁时，就已经能自由运用六种语言表达了，而这时那些同龄的孩子还在学习基本的语法知识。

卡尔·威特擅长数学，父亲夸奖他还能学会更多其他学科的知识，于是他大量阅读，最终通晓动物学、植物学、物理学和化学等学科。

这位不被人看好的"神童"，9 岁考入莱比锡大学，在学校里表现优秀，10 岁进入哥廷根大学。在他 13 岁时出版了《三角术》一书，轰动一时。

最终，卡尔·威特成为研究但丁的权威。从"白痴"变成天才，卡尔·威特的成功离不开父亲的赏识。父亲对他的不离不弃让他获得了前所未有的能量与自信，并最终帮助他登上了学术的高峰。

名人教子启迪

卡尔·威特的故事让我们明白了这样一个真理：好孩子是赏识出来的。

赏识不仅仅是对孩子的称赞、奖赏，还是对孩子由衷地欣赏、肯定，是在孩子做完一件事情的时候，给予孩子肯定的评价，赞赏他的能力，欣赏他的才能。

有人说，孩子就是为了得到爸爸的赏识才来到这个世界的，孩子的一切表现，都是为了要得到爸爸的欣赏，令爸爸满意。

爸爸要明白孩子的心理，只有明白孩子这种希望得到肯定，希望自己是受爸爸喜爱的心理，才能顺应孩子的心理需求，不破坏孩子这种追求完美的心态。

爸爸赏识孩子，就是要从孩子小的时候，在他做事情之前要给他鼓励，给他能量，让他相信自己能行。

当他做了一件事情，要及时给予评价，做得很完美给予夸奖张扬，做得不好可以称赞他的态度；有值得肯定的部分就明确告诉他，做的不到位的地方，让他下次注意改进，而不要批评指责，更不能挖苦讽刺。

赏识孩子要给孩子一个成长的过程，人的成长不是一帆风顺的，可能经过很多挫折、反复，也会犯下一些不可挽回的错误。

爸爸要相信孩子，无论孩子做怎样的选择，都要支持他。在他失败的时候，遇到挫折的时候，爸爸要默默伸出手，让他看到爸爸就在身边，不会感到孤独，相信自己还可以从头再来。

爸爸的赏识会让孩子充满自信，会使孩子的心灵尽快成熟。赏识使孩子能更清楚地认识自己，把自己当成独立的有担当能力的个体看待。

赏识是一种催化剂，爸爸运用得当就会加速孩子的成长。赏识是保护孩子心灵的一个篱笆，让外界的伤害远离孩子。

所以，爸爸要运用好赏识这种教育技巧，让孩子在爸爸温和的赏识中尽快成长起来。

专家给父亲的教子建议

建议一：欣赏你的孩子

孩子的心灵是单纯的，但是又充满着奇思妙想，这种简单的思想有时候包含很深的智慧和道理。爸爸不要只想让孩子向自己学习，其实孩子身上有很多值得爸爸学习的东西。

跟着孩子走，有时候会把爸爸带到一个很奇妙的世界。孩子的行为爸爸要用心去欣赏，因为有爸爸的关注和欣赏，孩子也会感到满足和自豪。

学会欣赏孩子，让孩子在爸爸欣赏的眼光中成长，孩子就像生活在阳光下一样温暖，能发挥最大的创造力，变得更受人喜爱。

建议二：让孩子看到自己的成果

为孩子树立一个合理的目标，让孩子为目标而奋斗，然后实现目标，尝到成功的甘甜。这种胜利的喜悦就是爸爸给孩子最好的欣赏。

当然，目标的制定并不是那么简单的事，爸爸首先要了解孩子，分析孩子的实际水平和能力，这样孩子的信心就不会受到打击，就能充分地提升上来。

让孩子看到自己的成果，爸爸只要给他一个肯定的微笑，孩子都会很高兴，他也就知道了自己的能力，相信努力就能实现目标，完成任何事情。

建议三：给失败中的孩子以赏识

失败了好像没有什么值得肯定和赏识的地方，但是越是在这个时候，爸爸越要表现得理智，让赏识在这个时候发挥最恰当的作用，会起到意想不到的效果。

在做事情时，只有去尝试、去拼搏过，才会有输赢的结果，失败只是两种结果中的一种，并不是说在这件事上你就获得失败这个结果，其他什么都没获得。

爸爸要让孩子明白，孩子值得赏识的地方就是他勇敢拼搏、敢于尝试、敢于竞争的精神。同时，还要让孩子知道，在做事情的过程中，他已经得到了回报，过程才是最重要的。

当然，爸爸也要教育孩子，不能对失败视而不见，要知道自己的不足，正视自己，以求下次获得成功。

建议四：不拿孩子的弱点和别人比较

每个孩子都有自己的优点和不足，爸爸不要总是拿自己家孩子的不足和别的孩子的强项比较，这会打击孩子的自尊和信心。

爸爸要如实客观地评价自己的孩子，既要看到他的优点，也要看到他的缺点，不能渴求孩子只有优点没有缺点。人无完人，爸爸都不能做到完美，就更不能去渴求孩子完美。

孩子也是有自尊的，爸爸要知道保护孩子的自尊，不要总是用比较打击孩子的自信。爸爸要学会鼓励，让孩子相信自己是很棒的。

钱三强之父提倡把激励作为增强孩子前进的动力

钱三强，原名钱秉穹，杰出的科学家，中国科学院院士。他是中国发展核武器的组织协调者和总设计师，中国原子能事业的主要奠基人，中国“两弹一星”元勋。被誉为“中国原子能科学之父”“中国两弹之父”。与钱学森、钱伟长被周总理合称为“三钱”。

1913 年，钱三强出生于在一个书香世家，父亲钱玄同是中国近代著名的语言文字学家。钱玄同精于古代汉语，著有《音韵学》《国音沿革讲义》等书，在当时有很大的影响。

最初，父亲钱玄同为儿子取名钱秉穹，在钱三强还不满 4 岁的时候，就开始教他认字背书。为了让儿子受到更好的教育，在钱三强 7 岁时，父亲就送他进了由蔡元培、李石曾、沈尹默等北京大学教授们创办的子弟学校——孔德学校接受教育。

作为一所新式学校，孔德学校除了教学生德、智、体三育外，对其他学科也很重视。孔德学校的开明气氛和高质量的教学，为钱三强提供了很好的教育条件。

钱玄同是新文化运动的风云人物，反对旧社会的思想。父亲的言传身教在钱三强幼小的心灵里，播下了反帝爱国的种子。钱三强中学时，读了孙中山先生的《救国方略》一书，更加坚定了科学救国的决心。

钱三强中学毕业时，面临将来所学方向的选择。有人建议钱玄同让孩子也搞文字学，一是钱玄同是这一方面的专家，二是钱玄同的名气可以让钱三强少走弯路。钱玄同笑了笑说：“那要看孩子的态度和兴趣！”

经过对儿子学习的观察，钱玄同发现儿子似乎志不在文字研究上。

有一天，钱玄同对儿子说：“你将来学什么，我不替你拿主意，由你自己选择。但是一个人应当有科学的头脑，对于一切事物，应当用自己的理智去分析。研求其真相，判定其是非，然后定改革的措施。”

父亲的话让钱三强思考了很长时间，想明白后，钱三强告诉父亲，他要学习理工。父亲问他：“你想上哪所学校呢？”钱三强不假思索地说：“我想上南洋大学。”

钱玄同知道，南洋大学的课程全部用英文讲课，而钱三强学习的是法文。他担心儿子听不懂讲课的内容，于是提出了自己的疑问。

没想到，钱三强已经想好了怎样应对，他对父亲说：“我先考北大理科的预科班，补学英语，一定能赶上去的！”钱三强的想法很有可行性，钱玄同欣然同意。

后来，钱三强进了北大预科班。课堂上，老师和学生们之间的问答都是用英语。这对只有法文功底、没学过英语的钱三强来说，的确是很困难。

钱玄同怕儿子知难而退，就鼓励说：“目标既然确定了，就应当用艰苦的劳动去实现自己的理想。”

钱玄同还不忘调侃儿子一番：“你是属牛的，克服困难要有一股牛劲！”钱三强用坚定的眼光看着父亲说：“爸爸，你放心，我会把牛劲使出来的。”

钱三强没有辜负父亲的期望，半年后英语考试通过了。在学习的过程中，他发现自己更喜欢原子物理。于是，他一鼓作气，努力学习。最终如愿考取清华大学，攻读物理专业。

1937年，钱三强大学毕业。此时消息传来，留学公费生考试中有一名镭学的名额，钱玄同了解儿子的志向，鼓励他去应考，结果考中了。

不料出国前夕，父亲钱玄同得了重病。钱三强为父亲的病很担心，在离开家求学和留下来照顾父亲上犹豫不决。

父亲看出他的心事，对他说：“你学的科学，将来对国家有用，你还是出国好好学习吧！别忘记，你是属牛的，要拿出一股牛劲来！”

于是，24岁的钱三强挥泪离开父亲，去往巴黎大学镭学研究所居里实验室从事原子核物理的研究工作。

钱三强始终谨记父亲振兴中华的教导，努力学习，认真研究。终于学成归来，成为著名的物理学家，为我国的科技和国防事业做出了巨大的贡献。

名人教子启迪

激励对孩子而言，是一种积极的鞭策，它唤起了孩子的积极情绪，给孩子带来意想不到的进步。钱玄同在对钱三强进行教育时，就是运用激励给了钱三强不断前进的动力。

孩子渴望被人认可、肯定、赞赏，它能让孩子保留对事物的热情，在肯定中获得前进的推动力。这就是一种激励，激励帮孩子不断地进步。

激励被认为是帮孩子挖潜启智，让孩子正常发展、快速成长的金钥匙。

一般而言，激励有这样几种方法：理想、目标激励法，让孩子有一个远大、宏伟的人生目标；行为、榜样激励法，爸爸的言传身教，各领域优异人物的榜样示范；关怀、表扬激励，给孩子精神上、心理上的关怀；动机、兴趣激励，“源头活水天天来，水到渠成步步高”。

孩子成绩不理想、心情低落、犯错误了，激励是让孩子重新燃起希望的“打火机”。孩子越是状态消沉，越需要适当地激励。此时，来自爸爸的鼓励、安慰、关爱，能够给孩子一个温暖可靠的支持系统，让孩子加倍努力地行动。

长期不被激励的孩子，会变得迟钝、麻木不仁，在行动上无所事事，对事情的成败无所谓，渐渐地放弃理想，走上浑浑噩噩的人生路。

这类孩子是没有梦想的一批人，他不知道明天在哪里，不知道自己要干什么，只能在平庸、琐碎中消磨一生。

孩子需要激励，他成长过程中的任何成就，都要有人肯定、认可、称赞。爸爸是离孩子最近的人之一，爸爸别忘了去肯定孩子“做得好”，激励他再接再厉。

孩子若是一轮明镜，激励就是一块擦拭它的抹布。爸爸常帮孩子擦拭，孩子才能明亮照人，孩子看得清自己，也就能看得清世界。

专家给父亲的教子建议

建议一：给孩子理想，让他去追逐

一个激越、跌宕的人生，需要一个可以追逐的梦想。爸爸要做这个“给梦人”，帮助孩子树立理想，激发出孩子的斗志、上进心，让孩子努力做个了不起的人。

爸爸可以根据孩子的条件、特长，为他设立奋斗目标。梦想是最能激励孩子的，一个没有梦想的孩子就会随波逐流、自甘堕落。

有了理想的激励，能够让孩子拥有一生的前进动力。爸爸帮孩子设定了理想，也要为孩子设定小目标，让孩子有通往理想的道路。

建议二：找一个榜样，让孩子去模仿

榜样的力量是巨大的，它是指引孩子前行的召唤者。爸爸可以言传身教，用优良品质、言行、精神去感染、熏陶孩子，让孩子受到激励。

“身教胜于言教”，爸爸可以多用模范行为、正面教诲、满腔关爱去影响、感染孩子。孩子也会以爸爸为荣，将爸爸作为榜样。

一些品学兼优的同龄人，也可以成为孩子的学习榜样，让孩子能从榜样身上汲取营养，敢于竞争，取得更大进步。

建议三：给孩子关怀、表扬，多赏识孩子

爸爸既要多关心孩子的日常生活，也要从精神上、心理上多关心孩子。孩子能够感受到爱，就会更珍惜自己的人生。孩子需要赏识，爸爸不要吝惜夸奖言辞。

夸奖是一门学问，多不好，少更不好。爸爸夸孩子要真诚，语言要适度；夸孩子要热情，语态要适度。

真诚是指夸奖要客观、不浮夸，流露出爸爸真实的欣赏，根据孩子的年龄、性格选择适度的言语。热情是指夸奖中要伴随亲切的眼神，配合适度的动作，例如：举大拇指、摸头、鼓掌等。

建议四：挖掘孩子的潜力，让孩子追随兴趣

无论孩子做什么事，想要激情洋溢、乐此不疲，必须有兴趣。爸爸想激励孩子认真行事，先要激发孩子的兴趣，让孩子追随自己的兴趣。兴趣是激励孩子主动做事的最好诱因。

兴趣激励法，也是非常有效的。爸爸可以挖掘孩子的兴趣，让孩子能够兴致盎然、积极主动地做事情。孩子用这种状态做事，也会进步迅速，收获颇丰。

鲁班之父提倡用严格要求代替纵容孩子

鲁班，姓公输，名般。又称公输子、公输盘、班输、鲁般。春秋时期鲁国人，是我国古代一位出色的发明家。他创造了“云梯”“木马车”等，在当时的战争中都发挥了很大的作用。他还发明了锯子、曲尺、墨斗等生活生产中非常实用的工具，被后世尊为“机械之圣”。

鲁班生于一个工匠世家，最终成为我国古代著名的发明家，这和父亲对他的不纵容和严格要求是分不开的。

父亲希望鲁班多读书，在鲁班 3 岁时，父亲就让母亲教他认字。鲁班虽然聪明，能很快地记住母亲教的字，并且过目不忘。但是他对读书没有兴趣，他最感兴趣的是父亲的木匠工具。

父亲经过一段时间的观察，发现鲁班对木工有着浓厚的兴趣，于是就不再强迫他读书了。最初，鲁班跟父亲学习种地，刚开始的时候还兴致勃勃，后来他就不肯做了；鲁班还学过织布，然而没几天他就觉得织布的工作很繁琐，于是又放弃了织布。

看到鲁班做什么事都没有恒心，父亲十分着急。经过慎重的思考，父亲决定把鲁班送到外面学习手艺，为了能让鲁班有一个好的环境，父亲特意为他选择了一个严格的老师。

父亲把他送到一个木匠铺，跟随一个严格的木匠师傅学习技术。本以为鲁班能沉下心来认真学习，可是没过几天，鲁班就和从前一样，不肯再学习了。他觉得师傅要求太严格，他没有玩耍的时间。

这让鲁班的父亲非常气愤，他静下心来想了想，认为如果再纵容儿子，将来不用说有出息，可能连生计都会成为问题。于是，父亲决定好好教育一下鲁班。

有一天，父亲把鲁班叫到跟前，严肃地对他说："你自己学习不肯下功夫，又怪师傅对你严格，这样你能学到手艺吗？你做事三心二意，什么都不想学。既然这样，从今天起，你就不要吃饭了，因为你没有种田；你也不用穿衣服了，因为你没有织布；还有，这屋子你也别住了，因为你不愿意做木匠活。"

鲁班没想到父亲会这么严厉，他不敢说话，父亲接着说："不要忘了，你身上的一切，粮食、衣服、房子都是人们用劳动换来的，不劳动的人什么都没有。"

看着父亲严肃的表情，鲁班想到自己的所作所为，惭愧地低下了头。他答应父亲，以后跟师傅好好学习木匠活，不会再像以前那样了。

父亲从棚顶上搬出一个箱子，箱子里放的是父亲以前用过的斧子。鲁班看到每把斧子都有一处凹痕，而且每把斧子的刃都被磨平了。父亲指着这一箱斧子对鲁班说："为了把这门手艺学好，我磨损了一箱子斧子。"

鲁班吃惊地看看斧子，又看看父亲，不敢相信眼前的一切。"你连一把斧子都没有用到这个程度就不肯学了，这样下去，你永远学不到真正的手艺。从今天开始，如果你不把这三把斧子磨出凹痕，把刃磨平，就不要来见我。"父亲严厉地说。

带着震惊和不甘，鲁班提着斧子，又回到师傅那里，继续跟着师傅学习手艺。他不再像以前一样，对什么都三分钟热度。鲁班像变了一个人一样勤学苦练，终于成了一代大师。

名人教子启迪

孩子的人生观与价值观还没有完全建立起来，因此会经常提出过分的、不合理的要求，如果爸爸对此纵容，则容易使孩子错误地"以非为是""以错当对"，不利于孩子的健康成长。

试想，如果鲁班的父亲纵容他的行为，那么鲁班只能成为一个一事无成的人，历史上也会少了一个能工巧匠。

现在的孩子多受到父母的娇惯，在家里有求必应，在学校受不了一点委屈，常常为难老师和同学，根本不把别人放在眼里。而在与别人相处时，也不懂得如何协调与他人的关系，时常与人发生冲突，而且不懂得反思自己的过错等。

许多爸爸天真地认为，孩子还小，不能对他严格要求，轻微的纵容并不会造成什么严重的后果。但如果孩子小时候放纵，长大了恐怕也不会接受爸爸的严格要求。

而且，当孩子被爸爸纵容久了，就会形成骄纵、自以为是的缺陷人格，这样的孩子，很难在社会上获得他人的尊重，很难与他人形成良好的关系。

有些爸爸之所以纵容孩子，是由于缺乏对孩子的了解，没有掌握基本的家教知识，不知道如何对待孩子提出的各种需求，误以为对孩子有求必应，就是爱孩子的表现。

事实上，孩子需要爸爸的培养和引导，因为孩子缺乏足够的经验和知识，不知道什么才是合理的需求，做什么才是对自己将来有益的事情。

因此，爸爸爱孩子的真正方式不是纵容，而是对孩子严格要求，当孩子的“看门人”，鼓励孩子做那些对将来有益的事情。

只有爸爸严格要求，努力向鲁班的父亲学习，才能培养出像鲁班一样优秀的孩子。

专家给父亲的教子建议

建议一：不能给孩子完全的民主与自由

现代教育提倡建立亲子之间“民主与自由”的关系，但是孩子稚气未脱，缺乏分辨是非善恶的能力，因此爸爸给他完全的民主与自由，就是一种变相的“纵容”，甚至可能成为爸爸逃脱自己职责的借口。

因此，在孩子拥有一定分辨能力的事情上，爸爸可以与孩子民主协商，听取孩子的意见，并且给孩子自由选择的权利。

而对于孩子完全陌生或者缺乏分辨力的事情，例如逃学等，爸爸不能任由孩子想做什么就做什么，而要对孩子严格要求，承担起监督的责任。

建议二：该批评时，爸爸要严厉批评

孩子做错了事情，作为“看门人”和“监护人”的爸爸，就应该对他进行批评、教育，让他知道这些是不应该犯的错误，以后不能再犯。

而且，还要对孩子提出严格的要求，让孩子按照要求检讨和约束自己的行为，从而变得更加明理懂事。

建议三：用反面的家教案例警醒自己

在纵容孩子的时候，爸爸也许根本没有意识到这种行为的危害。因此，爸爸应该加强学习，多阅读报纸或者相关书籍，看一些“纵容孩子”的反面案例，了解一下纵容孩子究竟会将孩子引向何方。

爸爸多阅读此类故事，了解纵容孩子的后果，并且了解一些必要的教子要求，就能更好地承担起“看门人”的职责。

建议四：适度满足孩子的合理要求

对于孩子的合理要求，爸爸应当满足。这个合理要求，不仅包括孩子应该完成的学习任务和家庭职责，还包括与孩子天性相适的一些合理要求，如玩游戏、看电视等。

爱玩是孩子的天性，因此爸爸可以适度满足孩子的合理要求，给孩子一些自由，但又不放弃监护的职责。

第二章

努力建立和谐平等的亲子关系

冰心之父给孩子温暖的父爱

冰心，原名谢婉莹，笔名冰心。著名诗人、作家、翻译家、儿童文学家。1922年出版了第一部诗集《繁星》，由164首小诗组成。1923年毕业于燕京大学，后留学美国。1946年赴日，任东京大学讲师，1951年回国。代表作品有《繁星》《春水》《寄小读者》等。

冰心于1900年10月5日，出生在福州一个具有维新思想的海军军官家庭。父亲谢葆璋参加过甲午战争等抗击日本侵略军的战争，后在烟台创办海军学校并出任校长。父亲虽然是一位海军军官，但对女儿却有着深切而细腻的爱。

冰心从小穿军装，连耳洞都没扎过。那时候的女孩扎耳洞是一种风尚，当谢家的长辈们催着要给冰心扎耳洞时，父亲怕女儿疼，于是找借口说，冰心的耳垂后面有一颗痣，如果把这颗痣刺穿了，冰心就变笨了。

父亲还不让冰心穿鞋号小的鞋，冰心知道父亲对她的疼爱，所以就故意在父亲面前撒娇。有一次，她觉得鞋有点紧，在父亲面前就一瘸一拐地走过来走过去。

父亲看到后，埋怨冰心的母亲："你又给她穿小鞋了！"母亲一生气，就把剪刀和用纸裁的鞋样拿到他面前，假装生气地说："你会做，就给她做，将来就是长出一双金刚脚，我也不管！"没想到，父亲拿起剪刀像模像样地剪鞋样，把冰心和母亲都逗乐了。

父亲的爱让冰心在一个宽松的环境里成长，父亲是一个知书达理的人，他常教育女儿要心怀祖国，报效国家。在冰心4岁时，全家迁往山东烟台，此后很长时间便生活在烟台的大海边。

在烟台，冰心开始读书学习。在启蒙学习期间，她接触了中国古典文学名著，7岁就读过《三国演义》《水浒传》。同时，她还读了很多外国名著，这些经典名著丰富了冰心的内心世界。

夏天的晚上，吃完饭后父亲就带冰心到军舰上看星星。指着星星，父亲告诉冰心："虽然星星很小，离我们也很远，但是我们海上的人却离不开它。在海上迷失方向的时候，看见星星就像看到家人一样。"父亲的这些话对冰心的创作有很大的影响。

指着远方的灯塔，父亲对女儿说："看守的人是值得尊重的，他们为了航海人的光明，在那里默默忍受着孤独。他们的生活是高尚的。"这种为别人服务的精神，成为冰心一生的行动准则。

冰心曾经这样说过："我最喜欢在风雨之夜，倚栏凝望那灯塔上一停一射的强光，它永远给我以无限的温暖快慰的感觉。"

父亲还常带冰心到海边散步，在海边，面对被夕阳染红的沙滩，父亲发出一声声叹息。冰心要父亲谈谈烟台的海，父亲告诉冰心："中国北方好看的港湾有很多，比如威海卫、大连、青岛，都是非常美的，但都被外国人占领了。"

父亲的叹息和一片爱国之心，强烈地撞击着冰心幼小的心灵。在父亲的教诲下，冰心的心中从小就播下爱国的种子。

庄严慈爱的父亲，是冰心的依靠和领路人。他用父爱为女儿撑起一片爱的天空，在这片天空下，冰心尽情释放自己。

成年后的冰心说："早晨勇敢的灿烂的太阳，自然是父亲了。"可见，父亲的精神力量对她的影响之大。

名人教子启迪

爸爸是爱的化身，爸爸的爱是无私的、高尚的，是世界上最神圣的情感。父爱贯穿于孩子的一生，是孩子健康成长的心理基础。

在孩子身心成长的过程中，父爱发挥了不可替代的作用。冰心正是在爸爸的爱护下，才拥有了不一样的一生。

充满爱心的爸爸，一定是知书达理的人，会教出有礼有节的好孩子。孩子会在爸爸身上学到温柔、宽容、耐心等优秀的品质，也会因为父爱的存在，觉得生活变得美好和幸福。

爸爸应该把孩子放在第一位。事业尽管重要，但是孩子的成长只有一次。在孩子的成长过程中，爸爸要加强和孩子情感的交流，让孩子体验到爸爸对他的爱。

同时，爸爸还要提供合适的方式把自己对孩子的爱表达出来。比如，爸爸可以和孩子一起游戏，辅导孩子的学习，为孩子讲故事等。

爸爸的爱是孩子健康成长的基础和保证，爸爸要用真挚的爱伴随孩子的成长。因此，爸爸要爱孩子，而且要给孩子正确充足的爱。

爸爸对孩子的爱是无可替代的，会让孩子感受到真正的温暖和幸福。但爸爸要做到理智地爱孩子，让爱伴随孩子的成长全过程。

专家给父亲的教子建议

建议一：让孩子明白爸爸的爱

很多爸爸认为，自己对孩子的爱，不用说孩子也会感觉到。但是对于孩子来说，他很需要爸爸将爱通过语言或其他方式表达出来。

如果爸爸的爱只是埋在心底，孩子是难以真切地体验到的。爸爸要克服自己的保守思想，勇敢地对孩子说：“孩子，爸爸爱你。”

爸爸的爱，需要说出来。情感的交流是双向的，只有让孩子知道爸爸的爱，才能唤起孩子对爸爸的爱，实现真正的沟通。

建议二：用多种方式表达对孩子的爱

爸爸向孩子表达爱是很简单的事情，在日常生活中多用点心就可以做到了。除了语言表达之外，还可以通过动作、神情表达对孩子的爱。

比如，爸爸可以蹲下来，微笑着和孩子说话，拍拍孩子的肩膀，摸摸孩子的脸。爸爸也可以通过写信、留纸条的方式，表达对孩子的爱。孩子也会在爸爸的细心关爱中，感受到爸爸的爱。

建议三：对孩子要“爱中有严”

“严师出高徒”，在家庭教育中也是适用的。爸爸不应盲目地爱孩子，要“爱”中有“严”、“严”中有“爱”，才是理智地教育孩子的方法。

此外，爸爸要给孩子制定规矩，帮助孩子养成良好的生活和学习习惯。比如，给孩子规定严格的作息时间，从小事入手，理智地爱孩子。

建议四：不要溺爱孩子

溺爱其实是毒药，爸爸却喜欢用毒药来喂孩子。孩子将来要承担家庭与社会的责任，爸爸必须早日让孩子学会自立。

自立包括生活自理、独立解决问题等能力。孩子必须学会面对生活中的困难，不回避、退缩，自己解决，不依赖他人。

爸爸要放手让孩子自理生活小事，逐步引导孩子从过强的自我角色意识中走出来，走到关心父母、关心家庭生活，进而关心他人的角色中来，这才是爸爸对孩子的正确的爱。

建议五：教会孩子学会付出爱

真正爱孩子的爸爸，要适当地在孩子面前表现得弱一点，给孩子爱自己的机会。让孩子不仅懂得接受爸爸的爱，并且也要懂得施予爱。

在付出爱的过程中，孩子会逐渐学会理解和尊重他人，能够更好地和爸爸及他人相处。孩子体会到爸爸的爱，能激发孩子不断进步、报答爸爸的想法，从而激励自己不断进步。

托尔斯泰之父倡导再忙也抽出时间陪孩子

列夫·尼古拉耶维奇·托尔斯泰，俄国著名作家、思想家。19世纪俄国伟大的批判现实主义作家，19世纪末20世纪初最伟大的文学家，他被称为具有“最清醒的现实主义”的“天才艺术家”。著有小说《战争与和平》《安娜·卡列尼娜》《复活》等。

1828年9月9日，列夫·尼古拉耶维奇·托尔斯泰出生在俄国的一个贵族家庭。父亲是尼古拉·伊里奇伯爵，母亲玛丽亚·尼古拉耶夫娜在托尔斯泰一岁半的时候去世了，培养托尔斯泰的责任就落到了父亲的肩上。

托尔斯泰的父亲平易近人，懂得尊重别人，为大家所称赞。不同于一般俄国贵族的铺张浪费，尼古拉生活简朴，从不追求表面的浮华。

当时社会上流行穿礼服和燕尾服，托尔斯泰的父亲穿起来感觉很不舒服，他更喜欢穿一些剪裁合身而又舒适的便服。

父亲的打扮自然又不失风度，托尔斯泰觉得父亲很亲切，也容易亲近。母亲的早逝让父亲对托尔斯泰更加疼惜，他总是花很多时间陪托尔斯泰。

尼古拉是一个喜爱读书的人，他的书房里摆满了书，有各国古典文学、历史、文化以及科技等各方面的书籍。当时很多贵族不喜欢读书，为了表现自己有教养就买很多书。

尼古拉鼓励儿子读书，却为托尔斯泰立下规矩，在上次所买的书读完以前，不能再买新书。托尔斯泰遵循父亲的教导，对读书持有一种严肃的心理，他读了很多不同类型的书，这些书籍对托尔斯泰的成长有着重要的作用。

父亲尼古拉最喜欢的书是名人传记和诗。他认为，每一个人的生活都充满了艰辛，有的人冲破了生活的艰难成为成功人士，而有的人却在生活中迷失自己。名人的传记不仅讲述他们的奋斗历程，还能启发后来人的生活。

尼古拉最喜欢普希金的诗，他欣赏这位充满激情的诗人。诗人的困惑和坚忍让尼古拉产生认同。尼古拉常动情地朗诵普希金的诗给托尔斯泰听，然后让他跟着朗读。

托尔斯泰喜欢听父亲朗诵的诗，还喜欢听父亲讲的故事。尼古拉从来没有让托尔斯泰失望过，他总是耐心地满足孩子听故事的要求。

为了让托尔斯泰过得充实，父亲还教他画画。虽然父亲并没有学过绘画，也不是一位专业的画家，但托尔斯泰喜欢父亲画的东西。在他的心中，父亲画的比任何人都好。

父亲最擅长画的是传说中的“火鸟”，在形象的画中，托尔斯泰想象着美丽的传说。除了火鸟之外，他还画一些现实生活中的东西，有在海上航行的汽船、莫斯科的建筑，还有海边的海狸。

父亲陪伴托尔斯泰度过了美好的童年时光，在托尔斯泰 9 岁时，父亲像母亲一样离开了托尔斯泰。

父亲去世后，托尔斯泰总是觉得父亲还在身边为他朗诵诗、讲故事。父亲的音容笑貌常常浮现在他的脑海中。

他总是对自己说：“不，父亲没有死，他还活着。”父亲的温暖伴随托尔斯泰一生。

而当托尔斯泰当了父亲以后，不管多忙，他总是抽出时间给孩子们讲故事，就像当年父亲为自己讲故事一样。

名人教子启迪

在孩子成长的过程中，爸爸的关爱与陪伴能让孩子感觉到被爱，感受到温暖和安全。专家研究，有爸爸经常陪伴的孩子，身心更健康，更加积极乐观、自信坚强。

爸爸在与孩子相伴的过程中，孩子会从爸爸身上发现很多东西，会由衷地佩服爸爸，并且在心里暗自向爸爸学习。如果缺少爸爸的陪伴，孩子就会感觉父爱的缺失，性格容易孤僻。

爸爸陪伴孩子不是说要宠溺孩子，让孩子的愿望得到无休止的满足。爸爸陪孩子更主要的是满足孩子积极的心理需要，就像尼古拉，他的陪伴让托尔斯泰感受到父爱，也让他从自己身上学到一些做人的道理。

爸爸要负担起家庭的重任，压力相对也比较大。由于工作的原因，有的可能经常不在家，有的因为累，或者自己需要学习为工作充电，因而很少陪孩子。这样对孩子来说都是一种冷遇，这样的爸爸没有尽到自己的责任。

爸爸要明白，这样会让孩子心灵感到孤单，同时，也使孩子失去了从自己这里学到应该学习的东西的机会，很不利孩子健康成长。

爸爸首先要明确自己对孩子应尽的责任，无论多么忙都要尽可能找时间陪孩子，让自己的行为对孩子产生一定的影响，尽量做个好爸爸，认真对待孩子的每一个要求。

孩子的要求不会太高，只要能每天见到爸爸，爸爸能经常把自己搂在怀里，听自己说说话，和爸爸做个小游戏，或者一起做做运动，都能让孩子感到满足。

爸爸在和孩子交往的过程中，也便于更好地了解孩子，无论生理心理的任何变化都能及时发现，采取有效措施纠正。

专家给父亲的教子建议

建议一：认识到陪伴对孩子的重要性

爸爸要认识到陪伴孩子的重要性，爸爸除了给予孩子物质上的生活保障，更重要的还要给予孩子精神上的满足。

精神的满足不是爸爸给予孩子金钱就能解决问题的，孩子需要爸爸的陪伴，没有什么比爸爸的陪伴更让孩子快乐。

爸爸的陪伴是给孩子最好的爱，最主要的是让孩子获得心灵的满足，获得父爱的幸福感。同时爸爸也能在陪伴孩子的过程中得到任何其他事情不能带来的天伦之乐。

建议二：没有时间的要挤时间陪孩子

爸爸可能由于工作的原因很少有时间陪孩子，但是爸爸要尽量挤时间陪孩子说说话、聊聊天。爸爸答应孩子的事就要守信，说过的话就要兑现，不然会对孩子产生很坏的影响。

爸爸即使不能每天长时间陪孩子，也要抽出一点时间陪陪他。当孩子过重大节日的时候，爸爸最好能在他身边。

爸爸对孩子不能失信，答应孩子的就一定要做到。如果做不到，孩子伤心是一个方面，更重要的是孩子就可能再也不信任爸爸了，降低了爸爸在孩子心目中的威信。

建议三：通过电话和孩子交流

爸爸如果要出差，很长一段时间不能回家，这样爸爸就没办法亲自陪孩子。为了让远在千里之外的孩子也能感受到爸爸对他的爱和关心，爸爸可以通过电话和孩子聊聊，这样孩子也会很高兴，也能感受到爸爸就像在身边一样的关爱。

有的爸爸不知道在电话里和孩子聊什么，或者根本不和孩子说话，只在电话里和孩子的妈妈谈谈孩子的情况，这样对孩子来说是起不到效果的。

爸爸必须亲自和孩子通话，可以问问孩子在学校有什么新鲜事，学习感觉怎么样，有没有犯什么错误，是不是正常吃饭，希望爸爸给带什么礼物等。

建议四：定期组织一家人外出旅游

为了加强和孩子的交流，爸爸可以利用休假的时间带上家人出去旅游，在旅游的过程中可以增加相互间的交流，弥补在平时生活中由于工作繁忙缺少陪伴孩子的机会。

平时爸爸可以把零碎时间挤出来陪孩子，让孩子知道爸爸一直在身边；当有了大块时间的时候，爸爸就要把这个时间用在家庭上，可以带孩子一起出去旅行，让孩子感受到关爱。

梁漱溟之父经常和孩子进行心灵沟通

梁漱溟，原名焕鼎，字寿铭。著名的思想家、哲学家、教育家、社会活动家、国学大师。现代新儒家的早期代表人物之一，有“中国最后一位儒家”之称。一生致力于儒家学说和中古文化的研究，造诣颇深。著有《乡村建设理论》《人心与人生》《中国——理性之国》等。

1893年，农历九月初九，梁漱溟出生在北京的一个官宦世家。曾祖、祖父均做过清朝知州，父亲曾任清朝内阁侍读。

梁漱溟的父亲虽然是一位饱读诗书的传统的士人，但他在教育子女方面，却做得有些“离经背道”。

别的士大夫总把“长幼有序”作为治家之道，梁父和孩子们建立了平等友好的关系，鼓励孩子与他自由交谈想法，在一些事情上也积极征求孩子的意见。他还有目的地鼓励孩子发展独立精神，教导他们坚持自己的观点。

小时候的梁漱溟并不聪明，十分愚笨。不仅如此，他还十分倔强、不听话。所以他并不讨人喜欢。他6岁时开始读书，但却不会穿裤子，而且他体弱多病，经常头晕目眩。医生曾对梁父说，这孩子恐怕活不了太长时间。

父亲没有因为梁漱溟的病和他的“特立独行”而不喜欢他，相反，他认为这个儿子是一个可塑之材。梁漱溟犯了错误，父亲从没有声严厉色地训斥过他，更没有打过他。所以梁漱溟在父亲面前很放松，没有精神上的压迫感。

父亲喜欢看戏，经常带着梁漱溟一起去，而且常将戏文中的故事讲给他听。在父亲的讲述中，梁漱溟了解了历史上形形色色的人物。一个个鲜活的人物，让梁漱溟看到了另一番天地，激起了他探求历史文化的兴趣。

梁漱溟稍大一些时，父亲就带他上街置办日用品，有时让他自己选择自己要买的东西，父亲还随时把街上的见闻讲给梁漱溟听。这锻炼了梁漱溟处理事情的能力，而且让他懂得了一些人情世故。

在对梁漱溟的教育中，父亲不仅能容忍他和自己争论，而且能用一颗宽容的心对待梁漱溟的过错。

梁漱溟9岁时，有一天在院子里玩，他把自己积攒的一串铜钱挂在树上忘了拿走。当他想起铜钱的时候，发现铜钱不见了。在屋里翻了个遍也没找着，因此哭闹起来，吵得全家不得安宁。对此，父亲什么也没有说。

第二天，父亲打扫庭院，偶然在屋前的桃树上发现了那串铜钱，他知道，一定是梁漱溟忘在那儿了。

父亲没有把钱拿下来，而是回屋写了一张纸条："一小儿在桃树下玩耍，偶然将一小串钱挂于树枝而忘之。到处向人询问，吵闹不休，次日，其父打扫庭院，见钱悬树上，乃指示之。小儿始自知其糊涂云云。"

梁漱溟看了纸条，跑到树下一看，那串铜钱果然挂在树枝上，想起昨天的胡闹，不禁感到惭愧。这件事对梁漱溟影响很深，以后遇到类似事情，他再也不无理取闹了。

在中学时代，梁漱溟依然与别人不同，他不看"正书"，而是读报。在当时，看报纸并不是一种普遍被人们接受的事情。对儿子的读报行为，父亲从未干涉，而且还与儿子议论国家大事。

梁漱溟回忆说："这既成全了我的自学，又使我隐然萌露对国家社会的责任感，而鄙视只谋一人一家衣食的'男子汉'生活。这种向上心，促使我自中学起即对人生问题和社会问题追求不已。"

正是因为有这样一个与众不同、乐于和孩子交流的父亲，才会培养出梁漱溟这样一位杰出的人物。

名人教子启迪

爸爸和孩子进行沟通，可以了解孩子的状况，打开彼此的心门，让彼此的想法可以充分交流，爸爸既可以引导孩子，也可以帮助孩子开启智慧。

梁漱溟的父亲经常和他沟通，父亲通过这样的方式，帮助梁漱溟改正错误，帮助他树立正确的人生观与价值观。

良好的亲子沟通有利于孩子身心发展。孩子的成长过程中沟通与交流是一个重要的方面。孩子的教育是从学校、书本中得到教育，爸爸通过与孩子的沟通交流，也是从另一个角度对孩子的教育。

沟通与交流可以加强孩子的认识能力、辨别能力，丰富社会阅历，有利于孩子的身心健康。所以作为爸爸要充分认识到沟通与交流的重要性，主动与孩子建立一种友好关系，加强交流，把握孩子内心的一些需求，及时加以正确引导，使自己的孩子能健康成长。

如同成年人受了挫折，心事无处宣泄会产生危险一样，孩子也需要别人的关心、接纳和倾听，尤其是与爸爸的沟通。一个爸爸要做的工作实在太多了，然而，安排出一个固定的时间与孩子交心，就像阳光对植物一样重要。

专家给父亲的教子建议

建议一：倾听孩子说话

爸爸在倾听孩子说话时，要停下手边正在做的事，看着孩子的双眼，给他百分之百的注意力。这样可以表现出对孩子的重视与关心。

倾听孩子说话用不了很长的时间，只要几分钟孩子就会很满足了。孩子需要知道自己所说的话很重要，这样他才能培养出健康的自信心。

建议二：用欣赏表达关怀

孩子需要鼓励，需要被发现，一味地责备非但不能激发孩子的创造力，不能激励孩子进步，反倒容易使孩子产生压抑感和逆反心理。

现代心理学认为，爸爸的话语能够对孩子产生心理暗示。因此，在沟通中表达欣赏，多加鼓励，能够使孩子树立自信心，发挥其主观能动性。

建议三：给孩子以尊严

一个人最宝贵的就是尊严，对孩子来讲，最害怕的不是棍棒、拳头，而是失去面子，失去尊严。

在当着孩子同学的面，身边有其他人时，爸爸不要剥夺孩子的自由，不要对孩子的伙伴不友好，不要不分场合的让孩子感到难堪等，这都影响着孩子的自尊。

对待孩子，没有比保护他的自尊更重要的事情了。

建议四：花时间陪伴孩子

为了让孩子感到自己受重视，爸爸一定要想办法找出时间陪孩子，陪伴孩子的时间当然越多越好。

孩子还小，爸爸的陪伴会让孩子有安全感，这种安全感会影响到孩子的一生，关乎孩子以后对外界抱着一种怎样的情感。

建议五：关心孩子的兴趣

孩子的兴趣不是爸爸的兴趣，爸爸的时间很容易就被自己忧虑的事霸占住了。然而，真心实意地认可孩子，就要对孩子的朋友、游戏、嗜好都感兴趣。

当爸爸对孩子所做的事感兴趣时，他就会发光发亮。

马克思之父认真倾听孩子的想法

卡尔·马克思，伟大的革命家、政治家、经济学家、革命理论家，全世界无产阶级的伟大导师、科学社会主义的创始人。主要著作有《资本论》《共产党宣言》等。他在《资本论》中，论述了资本主义社会的内部矛盾，论证了资本主义的必然灭亡和共产主义的必然胜利。

马克思于1818年5月5日出生在德意志联邦普鲁士王国莱茵省特里尔城，他的父亲亨利希·马克思是一位律师，崇拜卢梭等启蒙思想家。父亲乐于助人、态度和蔼，受到当地人们的尊敬。

马克思在九个孩子中，排行第三。他十分聪明，从小就在兄弟姐妹中表现出了过人的才气。

小时候的马克思很能揣测人的心理，和兄弟姐妹一起玩耍的时候，往往以指挥者的身份决定大家的"任务"分配。马克思的一个妹妹后来回忆时，说道："我们不敢违背卡尔的命令。作为交换，卡尔会说一些你所喜欢的话。"

在学校，马克思表现出极高的语言天分，马克思的聪明父亲看在眼里。他特别关心马克思的前途，希望儿子将来像自己一样学习法律，当一名律师。

马克思中学毕业以后，考入了波恩大学的法律系。经过考察，父亲对波恩大学不满意，因为那里的学习气氛不太浓厚。于是第二年，父亲就把马克思转学到了学习气氛浓厚的柏林大学。

但是令父亲没有想到的是，马克思不管是在波恩大学，还是在柏林大学，都没有按照他的意愿专心攻读法律，而是把大量的时间用于诗歌的写作和哲学的研究。

马克思违背父命，希望父亲能够理解和支持他的选择。为了说服父亲，他给父亲写了一封信，委婉地表达了自己的想法。

他在信中写道："我懂得，我应该研究法律。写诗只应当成为一种附带的事情，但我想首先在哲学上试试自己的能力。"马克思的信没有得到父亲的谅解。

为了向父亲表明自己的志向，马克思写信提出提前回家探望父亲。向父亲倾吐自己"心中的不安"，感受"在父亲身边的温暖和爱"。父亲坚决拒绝了儿子的请求，后来经过考虑，只允许马克思提前十天回家探亲。

马克思回到家后，坦诚地对父亲说了自己的学习情况和对未来的想法。他对父亲说，这几年他研究了很多哲学家的著作，深深地被哲学迷住了。父亲认真听着并思考着，他追问了一句："那你告诉我，你为什么要学哲学呢？"

马克思诚恳地回答道："哲学是广阔的海洋，它可以提供给人们较大的思考余地。更重要的是，通过对哲学的研究，我想研究人生，研究社会，研究世界的昨天和明天。这对一个科学研究者来说，应该是最有意义的吧！父亲，希望您支持我的选择。"

看着儿子期待的表情，听了儿子的决心，父亲不再强迫儿子当一个律师。

他对马克思说："孩子，就照你选择的路走下去吧！不过，我还是要提醒你，对待生活，要保持清醒而实际的头脑，要有真才实学，充分发挥由大自然母亲慷慨赐予的才能。"

得到了父亲的支持，马克思更加努力地研究哲学。经过多年的努力和调查研究，创立了马克思主义，成为伟大的哲学家、思想家。

名人教子启迪

许多爸爸，遇到孩子不听话时，都会感到很气愤，甚至会责怪孩子。其实，爸爸大可不必如此，只要放低姿态来倾听孩子的心声，就能知道孩子不听话的原因。

如果马克思的父亲没有认真倾听、考虑马克思的话，而是强迫马克思继续攻读律师专业，要么马克思妥协，要么就会伤害到父子关系。

爸爸耐心地倾听孩子的诉说，让孩子体会到关爱和温馨，从而对爸爸更加亲近与尊敬。这有利于孩子把自己的想法告诉爸爸，有利于爸爸对孩子的不良行为，进行明确的教育和指导。

许多爸爸虽与孩子朝夕相处，却对孩子并不了解。不了解孩子的想法，就很难有效地应对孩子的各类问题和行为。爸爸要想教育好孩子，首先得亲近孩子，取得他的信任，走进他的内心。

望子成龙的殷切期望、缺乏兄弟姐妹的亲情沟通、繁重的学习压力等，让孩子的内心非常需要交流和沟通。

许多爸爸常常忽视了这一点，而只关注孩子的学习，只看重每次考试的分数，却不知道这样做会不利于孩子心理的健康成长。

一个孩子就是一个世界。爸爸应学会倾听，倾听孩子的话语，倾听孩子的心声，倾听孩子对世界的理解和对未来的梦想。唯有如此，才能更好地走入孩子的心灵深处。

专家给父亲的教子建议

建议一：尊重孩子的所有感受

爸爸应安静、专心地倾听，但不给予评判。爸爸可以不赞成孩子的话，但必须要接受和尊重孩子的感受。

例如，当孩子向爸爸论述别人对自己的不公时，爸爸虽然可能认为孩子是小题大做，但也要体谅孩子的这种感受。

建议二：向孩子显示你正在听他讲

爸爸的关注鼓励着孩子向爸爸表达想法和感受。在孩子进行诉说时，爸爸应停下正在做的事情，转向他，保持目光接触，并仔细地听。

同时，爸爸还要通过点头或不时地“嗯……是的……”等来显示对孩子的注意。

建议三：对孩子的话做出反应

倾听时，不时地总结、重述或复述孩子所讲的关键内容，包括他的感受以及导致这种感受产生的原因。

当然，仅仅倾听和理解是不够的，爸爸还必须用语言对他所说、所想及所感的事情做出反应。但尽量不要逐字地重复孩子的话，应使用相似的语言来表达相同的意思。

建议四：学习倾听孩子的话语

多数人都习惯说话，不习惯倾听，尤其是爸爸面对孩子，更是滔滔不绝，要他做个“听话”的孩子。不听孩子说，怎么知道他在想什么？不听孩子说，又怎么能了解他、管教他？

所以，爸爸想要教育好孩子，必须先要“听”孩子说“话”。要养成倾听孩子说话的习惯，并不很困难，只要告诉自己“少开尊口”，耐心倾听，就可以了。

建议五：用鼓励、说理代替责骂

长期责骂孩子，孩子就会把“懒得理你”挂在嘴上，当孩子以这种对抗的态度对待爸爸时，表明他对爸爸已经失望很久了。因为长久以来，他和爸爸沟通不良，干脆“免谈”。

面对这样的孩子，爸爸只有放低姿态，才能和孩子建立良好沟通；为了教育好孩子，爸爸有必要用鼓励和说理代替责骂，走进孩子的心灵。

陈鹤琴理解孩子的心理

陈鹤琴，中国近现代教育家。“五四”运动后新教育的倡导者，我国儿童心理学、儿童教育学的奠基人。一生主要从事一系列开创性的幼儿教育研究与实践。被誉为“中国幼教之父”和“中国的福禄培尔”。主要教育著作有《儿童心理之研究》《家庭教育》等。

陈鹤琴是中国著名儿童教育家，对儿童的心理研究得很透彻。他认为对孩子的教育要采用多种方法，因人而异。所以对孩子的教育并不拘泥于某种方式，而是采用不同的方法激发孩子的潜能。

在陈鹤琴的教育观念里，孩子有了过错，受到激励比受到责罚更容易让孩子改掉错误。作为父亲他就是这样教育自己的儿子的。

儿子陈一鸣从小贪玩，无论什么东西他都能玩出花样来。一天，陈一鸣把一块破烂的棉絮裹在身上玩。陈鹤琴看到了正玩得高兴的儿子，忘乎所以地胡乱挥舞身上的棉絮。

他没有立即训斥，而是对儿子说：“这个东西很脏，我想你一定不会喜欢。我想你想要一块干净的，对吗？”儿子还没有从父亲的突然出现中回过神来，但他知道一块干净的棉絮裹在身上会更好看，所以，他点了点头。

“你应该去屋里找妈妈要一块干净的，快去吧！”听到父亲这么一说，陈一鸣高兴地跑到屋里，找妈妈换了一块干净的毯子。陈鹤琴用暗示的方法使儿子自愿换掉破烂的棉絮，保护了孩子的自尊心。

不仅如此，面对孩子的各种提问，陈鹤琴有问必答，还积极引导孩子探索问题。陈鹤琴从未让儿子失望过，从父亲的回答里，陈一鸣总能得到很多不同的知识。

通过对孩子的观察，陈鹤琴得出结论：喜欢音乐是儿童的天性、儿童的本能，音乐在儿童的生活中占有重要的地位。他为孩子创造听音乐的机会，让孩子在音乐中放飞自己。

陈鹤琴家住在上海的时候，经常利用晚饭后的时间“狂欢”。每天晚饭后，一家人坐在屋子里唱歌听音乐。陈鹤琴的妻子和大女儿会弹琴，所以她们担任演奏者的角色。其他 6 个孩子和父亲伴着音乐歌唱。

家里人的唱歌自然比不上舞台上歌手，但是一家人其乐融融的气氛，让每一个人都有放声歌唱的欲望。他们唱中国的歌曲，还唱外国的歌曲，既唱当时的流行歌曲，还唱民歌。

玩到高兴的时候，孩子们要求父亲表演。陈鹤琴从不拒绝孩子的要求，拿着从美国带回来的乐器，唱起外国的民歌。孩子们静静听着，会唱的还跟着父亲哼唱，非常投入。

尊重长辈是中华民族的传统美德，陈鹤琴非常注意对孩子这方面的培养。陈一鸣两岁多的时候，坐在小凳子上玩，祖母在他旁边站着看护他。

陈鹤琴进屋看到后，就俯身对儿子说：“一鸣，你去拿把椅子过来给祖母坐。”一鸣应了一声，立刻站起身来，晃晃悠悠地为祖母搬来一把椅子。祖母接过椅子，笑眯眯地坐下陪一鸣玩。

陈鹤琴说，让孩子从小帮助长辈办事，除了锻炼他们的动手能力外，更重要的是让他们学会尊重长辈。

陈鹤琴了解孩子的心理，知道父母的一言一行对孩子有很大的影响。孩子犯了错，他常从自己身上找原因。

有一天，陈鹤琴一进门就听到儿子陈一鸣骂保姆，他不禁心头一紧。他把一鸣叫过来，询问他为什么骂人，问明原因后他蹲下来轻轻地在儿子耳边说了几句话。一鸣点了点头，跑到保姆跟前，向保姆道歉，

事后，陈鹤琴仔细想了想这件事。他想，孩子这样小就不知道尊重人，是做父母的没有教育好孩子的缘故。为人父母者除了教孩子尊敬保姆外，自己更要注意平时的言行。

名人教子启迪

孩子的思维方式与行为方式和大人是不同的，很多时候大人看到孩子的行为都不理解，或者误解，用成人的眼光来判断孩子行为的结果，而没有转到背后，看孩子这样做的原因。

如果爸爸看到孩子反常的行为，能够心平气和地和孩子好好谈谈，找出孩子这样做的真实原因，就会理解孩子，从而化解孩子不良行为或个性中不和谐的硬壳。

爸爸要学会用欣赏的眼光去看孩子，而不是自以为是地以自己的需求去要求孩子。

在家庭教育中，很多爸爸都会犯这样的毛病，总是从自己的主观设想出发，以自己的好恶和希望去要求孩子，虽然初衷是好的，是为孩子考虑，可是实际上取得的效果却恰恰相反。

当爸爸把孩子看作一个具有个人特点、志向、智慧和性格结构的人时，爸爸才能从根本上去尊重孩子、理解孩子。孩子只有在被理解的情况下，心情才是愉悦的，做事情才能够更加尽心，让爸爸更加满意。

如果爸爸不理解孩子，从孩子的表象去认识，用成人的道德和观念去判断孩子的对错，可能会给孩子带来很大伤害，更加激化孩子的恶劣行为。

陈鹤琴正是因为理解孩子，才能成功地对孩子进行教育。爸爸要向他学习，要从理解孩子出发，做孩子的朋友，当孩子的知己，让孩子在被理解和接纳的海洋里自由成长。

专家给父亲的教子建议

建议一：找出孩子表现异常的原因

孩子的很多表现，在爸爸看来是不可思议的。爸爸要放低姿态，走进孩子的内心世界，倾听他的声音，就会发现孩子的真实意图和想法。

爸爸不能只看到孩子不同寻常的表现，然后就训斥孩子，认为孩子有问题。爸爸要从深层理解孩子，首先要从心态上改变孩子的看法，才能改变孩子的行为。

建议二：让孩子谈谈自己的看法

当爸爸遇到不能理解的事情时，不要只顾着发脾气，指责孩子的不是，应该给孩子一个说话的机会，让孩子把自己的想法表达出来，这是爸爸理解孩子最直接的途径。爸爸要经常和孩子交流、聊天，在谈话中走进孩子的内心世界。

孩子的心理是不断成长的，在孩子成长的过程中，爸爸要不断关注，不能拿以前孩子的心理和行为衡量现在的孩子的心理和行为。

爸爸要用不断变化发展的眼光看待孩子，因此爸爸要不断保持和孩子的沟通交流，让孩子变化了的世界观也能清楚地呈现在爸爸面前，做个更加知心、贴心的爸爸。

建议三：理智对待孩子的不良行为

有些问题孩子本来是很好的，之所以走上叛逆不回头的道路，很多是与爸爸的不理解分不开的。如果爸爸能从一开始就理解孩子，加强引导，孩子就会越来越优秀和完善。

当孩子无意中犯下小错误的时候，爸爸应该把事情弄清楚，然后根据事情的是非曲直指导孩子今后的行为，不要盲目批评和袒护。理智对待孩子的不正当和正常行为，把孩子拉入正常轨道。

建议四：尊重孩子的自主选择

孩子是个独立的个体，在他有自己的思想行为意识的时候，爸爸就应该尊重孩子的选择，给孩子表达愿望的机会。在一些问题上，听听孩子的想法，尽量满足孩子的要求。

孩子有自己的想法，爸爸适当去尊重和满足他，实际上也是理解孩子的表现。当然满足并不是无原则的、无条件的，而是从孩子实际出发，在正确合理的情况下，尊重孩子的想法。

史蒂夫·福布斯之父建议要和孩子平等对话

史蒂夫·福布斯，《福布斯》的第三传人。1966年毕业于马萨诸塞斯州的北安多弗布鲁克斯学院。1970年，获得普林斯顿大学历史学学士学位。在普林斯顿，他是《今日商业》的首任总编辑，现任福布斯集团总裁及首席执行官。1996年和2000年他两次参加美国总统竞选。

史蒂夫·福布斯出生于1947年，是《福布斯》家族的第三代传人，是典型的美国梦代表。他的父亲麦尔可姆曾在一家公司做纪检员，对他的教育很独特。

父亲教育史蒂夫·福布斯明辨是非，告诉他什么是正确的，什么是错误的。同时还给他很大的空间做自己的事情，很尊重他的独立性。

父亲乐于和史蒂夫·福布斯相处，尽管很忙，也有很多工作要做，但总是抽时间陪儿子。史蒂夫·福布斯也喜欢和父亲在一起，父亲从不给他压力，和父亲在一起总是感到很快乐。

史蒂夫·福布斯小时候，每当到了夏天，父亲麦尔可姆就驾着旅行车带着孩子去西部的怀俄明州游玩。

在旅途中，他不断解答史蒂夫·福布斯的疑问，用幽默易懂的话语逗他开心。遇到好玩的地方，麦尔可姆还停下来和儿子做游戏。

麦尔可姆既是好父亲，帮助儿子解决生活、学习中的问题。他还是儿子的知心朋友，真诚和孩子交流。他知道，交流是人类解决问题的最好方式，对待孩子更应如此。所以孩子很乐于和父亲分享自己的“小秘密”。

麦尔可姆喜欢抽烟，一天能抽调4包烟。20世纪60年代初期，美国卫生部发布了一个报告，报告说吸烟对人的身体有害，甚至会危害生命。看到报告后，麦尔可姆就戒掉了烟。

那时，15岁的史蒂夫·福布斯像同龄人一样，学会了抽烟，认为抽烟是长大的重要部分，但父亲不希望儿子像自己一样抽烟。父亲对儿子说："我不是告诉你别吸烟，而是请求你不要吸烟。"他没有训斥儿子，也没有强硬地要求儿子戒烟。他说："为了自己的健康，你不应该吸烟。"日后史蒂夫·福布斯曾说："父亲的话让我感到自己像一个男人。"史蒂夫·福布斯也像父亲一样，戒掉了烟。

麦尔可姆有宗教信仰，他每个礼拜天都带史蒂夫·福布斯去教堂学习。史蒂夫·福布斯对父亲的安排非常不解，于是问父亲："为什么每个礼拜天都要去教堂？"他还说："去不去教堂应该由自己决定，而不是听从父亲的安排。"

麦尔可姆并没有对儿子的不敬大发雷霆，他和蔼地说："我带你去教堂，是使你长大后知道有些东西是需要持反对意见的，我不希望你将来连对错都区分不开。我希望你知道什么是准则，这些在教堂你是可以学到的。"

史蒂夫·福布斯似懂非懂，但他还是觉得应该听父亲的话去教堂学习。

麦尔可姆希望儿子能正确对待人生中的挫折，知道怎样去生存。他对史蒂夫·福布斯说："如果你认为自己已经成功了，那么你就要做好失败的准备。要知道，没有什么是一帆风顺的。"

史蒂夫·福布斯很早就跟随父亲在商界打拼，知道了父亲所说的，聪明来自苦干。在父亲的教导下，史蒂夫·福布斯表现优秀，最终成为父亲的接班人，担任福布斯集团总裁。

与孩子的平等对话，让麦尔可姆和史蒂夫·福布斯建立了良好的互信关系。在史蒂夫·福布斯的心目中，父亲从不强迫他做不喜欢的事。即使有的事情他不理解，也能和父亲友好地沟通。

名人教子启迪

孩子的心是非常柔软的，爸爸在与孩子说话时，语气的轻重是直接会影响到孩子的心情的，从而也会影响对孩子的教育效果。

有些爸爸在和孩子说话时，多是用命令的口气，想让孩子按自己的意思来办。但调查发现，只有 4% 的孩子会真的认为爸爸的话对自己有好处。

多数的孩子在面对爸爸的命令时，是以一种抵触的心理来接受的。尽管孩子还是按爸爸的意思来做了，但没有爸爸的高压，孩子是不会采取同样的行为的。

产生抵触的孩子，也容易成为逆反的孩子，良好的亲子关系就更是奢求了。现在的家庭教育提倡爸爸能与孩子产生良好的亲子互动。

要想达到这种效果，就必须在与孩子交往的过程中，注重平等。平等源于爱，从细节上就体现在和孩子用什么语气来交流。

在孩子犯错误时，这种语气更重要。爱的语气能使孩子享受到来自爸爸的尊重与体贴，从而以一种更积极的态度来对待自己的不足。

很多爸爸认为自己这样即使采用命令口气和孩子说话，初衷也是为孩子好。要培养孩子完整的人格、良好的感受爱的能力，爸爸要时时注意放下权威，权威会阻止爸爸以一种平等的心态来对待孩子。

心中有平等观念的爸爸，就像史蒂夫·福布斯的父亲那样，无论何时，都和孩子进行平等的对话，而孩子也乐在其中。

爸爸在和孩子谈论事情的时候，要学会蹲下来，再去讲，这是一个简单的行为。传达的信息可不简单，它透露出的是："孩子，爸爸和你一样，我们来谈一个问题，你可以不同意，也可以赞成。"

专家给父亲的教子建议

建议一：以平等的心态来对待孩子

人与人的交往，平等是很重要的，只有平等了，信息才会充分地流通，各方利益也才会都得到兼顾，得到满足。

爸爸是孩子心中的权威。很多爸爸习惯上对孩子以一种居高临下的态度，这种状态，传递给孩子的就是一种不对等的感觉，会使孩子本能地对爸爸排斥。

爸爸要真正走进孩子的内心，就应该以真正平等的意识来对待孩子，就应该蹲下来跟孩子说话，就应该学会站到孩子的角度去看问题。

建议二：孩子犯错误时要多讲道理

孩子总是孩子，犯错在所难免。在孩子做错了事时，爸爸更应该注意和孩子说话时的语气。

天下没有不犯错误的孩子，爸爸要想使孩子真正地认识到自己的错误，就应该多采用讲道理的方式，帮助孩子认识和改正自己的错误。

建议三：处理分歧时多协商

孩子和爸爸的意见发生分歧是生活中常有的事情，这个时候爸爸一定要忘记自己是爸爸。因为只要一想到自己是爸爸，就习惯上想让孩子屈从于自己的意愿。

在爸爸与孩子的意见出现相左时，要懂得和孩子商量。孩子也会有自己独特的兴趣和爱好，爸爸要给予孩子的这些兴趣以尊重。

这样，孩子也会对爸爸的要求给予重视，千万不要对孩子的要求置之不理，而来强制执行自己的意愿，这样会伤害孩子做事的积极性。

邓小平之父做错了要向孩子道歉

邓小平，原名邓先圣，学名邓希贤。无产阶级革命家、政治家、军事家、外交家。中国共产党第二代中央领导集体核心，同时也是中国人民解放军、中华人民共和国的主要领导人之一。他还是中国改革开放和现代化建设的总设计师，他的思想及其在思想指导下的实践，改变了中国，也影响了世界。

邓小平 1904 年 8 月 22 日生于四川省广安县协兴乡牌坊村，父亲邓绍昌曾在成都法政学校读书，受过新式教育。

邓绍昌是一个处事果断、有抱负的人，在外面，他处事公道、乐于交往。在家里，他严肃而又慈祥。他对邓小平的教育是严格的，但对邓小平的错误，也愿意倾听他陈述缘由。

像家乡的大部分人一样，邓绍昌在邓小平 5 岁的时候，就把他送到一个老式私塾接受教育。私塾先生教的是四书五经，学习的是文言文，聪明的邓小平总是能很快掌握。

两年以后，7 岁的邓小平转到一所新式小学就读。在新式的学校里，邓小平学习了不同于私塾的东西，他学的是白话文，还学习了现代科学——数学、自然科学和地理。

活泼的邓小平很快适应了新的环境，他乐于接受新知识，即使受到惩罚，他也会无所畏惧地去做。

在邓小平进新式学校的第二年，有一天他走在放学回家的路上，看到一个平时和他一起玩的同学哭了起来，好心的邓小平询问他哭的原因。原来，同学的妹妹生了病，家里没有钱看病，看着妹妹每天都很痛苦，他也很难过。

邓小平决定帮助同学，回到家后，他偷偷地从父亲的钱箱里拿了5块银元。第二天上学，邓小平一进教室就走到那个同学身边，把5个银元偷偷塞到了他的手里。

要知道，这5个银元在当时能算得上是一笔巨款了。这笔钱可以买到500斤谷子，能供一户普通人家吃很长时间了。

过了几天，父亲邓绍昌发现钱箱里少了5块银元，感到非常莫名其妙。他把全家人叫过来调查，决定要查个水落石出。

机敏的邓小平知道父亲发现少钱了，他没有打算瞒着父亲。父亲邓绍昌还没有开口问，他就自觉站了出来，还主动地把一根棍子递给父亲。

当时，父亲气不打一处来，看到邓小平站了出来，顺手接过棍子就把邓小平打了一顿。邓小平忍着疼痛，没有吭声。打完后，邓绍昌觉得这种作风不符合邓小平平时的行为，怀疑其中另有隐情。

他把儿子叫来，想知道事情的真相。邓小平这才把拿钱的原因详细地告诉了父亲。听完原委的邓绍昌高兴地把儿子拉过来，他对邓小平说："孩子，你做得对，父亲错怪你了。"

他心疼地问邓小平，为什么没有把事情早点告诉他。邓小平说："私自拿取家中的财物。您说过，小偷是应当受到惩罚的，所以我应该挨打。"

儿子的坦诚反而让邓绍昌有些惭愧了，他摇摇头对邓小平说："孩子，你能主动设法帮助别人，这不算是偷窃，而且你很诚实，这是对的。但是，遇到了难事而不信任自己的父亲，那就不对。你要拿钱帮助同学，应该先跟我说呀。"

邓小平点点头，告诉父亲，以后遇事一定和父亲说。

为了让儿子接受更好的教育，没过多久，邓绍昌就把邓小平送到广安城新成立的中学。几年以后，又把邓小平送去法国"勤工俭学"。正是在这里，邓小平参加了中国共产党，从此决心在马克思主义指引下，踏上革命救国之路。

名人教子启迪

邓小平的爸爸向他道歉，非但没有影响自己在邓小平心目中的形象，还赢得了孩子的尊敬和理解。爸爸虽然会误解孩子，但却很少有爸爸会向孩子道歉。

究其原因，主要是爸爸心理上的权威优势，爸爸碍于情面，难于和孩子道歉；也有的爸爸通常认为自己做的就是对的，即使偶尔察觉到自己的错误，也不会向孩子道歉。

现实生活中，很多时候爸爸会误会孩子的行为，误认为是孩子做的，但是事后发现是自己错了。这时候爸爸就需要勇敢地向孩子道歉，这也是爱孩子的一种表现。

爸爸是孩子的第一任老师，是孩子最初模仿的对象，爸爸的言行对孩子的成长很重要。爸爸要以身作则，做错事时主动向孩子道歉，帮助孩子掌握正确的处事方法。要将孩子看作和自己一样平等的人，一旦犯了错误，勇敢地向孩子道歉，不用自己的错误误导孩子。

爸爸的一句“对不起”，不但不会损害其权威，反而会帮助爸爸和孩子建立起一个相互沟通的平台，让孩子体会到爸爸对自己的尊重，会促进父子之间感性的和谐。

爸爸适时向孩子道歉，有利于改善家庭关系，有利于孩子的健康成长，也有益于提高爸爸的权威地位。所以，爸爸不要以为自己是大人，做错事不用向孩子道歉。

中国的爸爸推崇的是含蓄之美，做错了事，说错了话，向成人道歉都很难为情，更别提向孩子道歉了。爸爸要屏弃这样的思想，做错事时主动向孩子道歉。

爸爸要时刻反思自己的错误行为，等心情平静下来时，耐心地向孩子道歉，孩子会在爱和宽松的家庭环境中顺利成长。

专家给父亲的教子建议

建议一：走出传统的思想误区

很多爸爸都认为向孩子道歉，是很没有面子的事情，所以羞于向孩子道歉，这样只会让孩子树立错误的做事意识。一旦孩子犯了错误，也会以爸爸为“榜样”，难于坦然地面对，也就谈不上改正了。

这是爸爸教子的思想误区。每位爸爸都希望孩子尊重别人，温文尔雅。因此，爸爸有了错误勇敢地向孩子道歉是对孩子最好的言传身教，只有向孩子道歉，孩子才能学会尊重别人，也才能得到别人的尊重。

建议二：将自己的感受全部告诉孩子

爸爸做错事、说错话、冤枉了孩子的时候，要学会向孩子道歉，从内心深处真诚地向孩子道歉，把自己对孩子的担心、焦虑、害怕情绪都告诉孩子，孩子是通情达理的，会理解爸爸的心情，并且是会原谅爸爸的。

孩子会在爸爸的道歉中学会正确的为人处世之道，还会在生活和学习中拥有更多的朋友，保持健康和谐的人际关系。

建议三：选择恰当的道歉方式

对于年龄小的孩子来说，爸爸不用讲太多的道理，只要用一些具体的行动，例如表情、做法等，孩子就会知道爸爸正在为自己的错误行为而向他道歉。如果孩子知道这种做法是错误的，那么他在今后一般就不会再犯这样的错误。

对于年龄大的孩子，爸爸在向孩子道歉的时候，一定要将自己做错的原因告诉孩子，孩子就会将这些原因内化为自我意识，从而在今后的生活中自觉避免类似的错误。

只有选择合适的道歉方式，才会有的放矢地对孩子进行教育。孩子才会在爸爸的道歉中学到做事的正确方法。

建议四：让孩子明确爸爸道歉的原因

爸爸向孩子道歉要选择心平气和的时候，向孩子道歉的时候要实事求是，就事论事，并且一定要告诉孩子原因，否则孩子不了解爸爸道歉的理由，起不到理想的教育效果。

所以，爸爸向孩子道歉的时候，道歉的内容要明确，理由要充分，使孩子感受到真诚，并且让孩子自觉地放弃有类似于爸爸的行为，孩子自己做事时也更有针对性。

建议五：向孩子道歉时态度要真诚

爸爸向孩子道歉时应该选择心平气和的时候，态度要真诚，就事论事，既不要夸大自己的错误取悦孩子，也不要轻描淡写，让孩子以为爸爸是在敷衍自己，而不是真正地想向他道歉。

爸爸真诚地向孩子道歉，是爸爸爱孩子的体现，是孩子正常成长的需要。孩子会信任爸爸，也会使孩子体验到受人尊重的感觉，进而建立起自尊，还能使孩子学会尊重他人。

道尔顿之父做孩子永远的支持者

约翰·道尔顿，英国化学家和物理学家。被称为“近代化学之父”。提出了较系统的化学原子学说，引入了原子和原子量，并在容积分析方法上做出了开拓性的贡献；建议用简单的符号来代表元素和化合物的组成；是首位发现色盲现象的科学家。

1766年9月6日，道尔顿生在英国坎伯雷一个贫困的织工家庭。父亲是一位兼种一点薄地的织布工人，母亲是一位典型的英国家庭主妇。道尔顿的父母都没有受过教育，但是他们希望儿子读书识字。

这种想法在当时的环境下，是很另类的。因为当时在坎伯雷生活的人们，最大的要求是能吃饱饭。没有人想过让孩子去读书识字，而且送孩子去读书还会花钱，并且学到的知识在工作中也用不上。

但是道尔顿的父亲坚持把他送到了教会学校读书，道尔顿珍惜这来之不易的机会。他非常聪明，而且勤奋好学，总是能问出其他同学没有想到的问题，在学校里深得老师的喜爱。

老师鲁宾孙很喜欢他，允许道尔顿阅读自己的书和期刊。在课外时间，道尔顿贪婪地吸收着知识。后来鲁宾孙退休了，道尔顿就接替他在学校里任教，领取微薄的工资。

在道尔顿12岁那年，家里没有经济能力继续供他上学了，于是道尔顿只有辍学回家，帮父亲干活。他从没有放弃读书，常在帮父亲干活的空隙坚持自学。

看到父亲每天起早贪黑，却挣不到多少钱，道尔顿萌生了一个念头——

办学校。在坎伯雷，道尔顿的文化水平可以说是很高了，周围的邻居也鼓励他办学校，帮助他们认字。

当他把办学校的想法告诉父亲时，父母很惊讶。要知道，道尔顿还是一个 12 岁的孩子，他怎么能管好别人家的孩子？

面对父母的疑虑，道尔顿告诉他们，他在学校读了很多高年级的书，有自信可以教好。最重要的是，那些孩子不认识字，去外边上学不仅费用贵，而且路途远。在家办学可以贴补家用，又能教给别人知识。

母亲虽然赞同道尔顿的分析，但还是很犹豫。父亲十分支持儿子的想法，他告诉道尔顿，就按自己想的去办，就算失败也没有关系。

有了父亲的支持，道尔顿就放手开始张罗办学校的事了。像道尔顿父母刚开始的反应一样，一开始，很多孩子的父母怀疑道尔顿的能力，不相信一个 12 岁的孩子能懂得多少知识。

但是道尔顿为这些父母讲授知识，他们为道尔顿的知识所折服，就把自己的孩子送到道尔顿这里学习知识。在这期间，父亲尽量配合道尔顿的要求，还为他鼓劲打气。

在为孩子们讲课的过程中，道尔顿越来越自然了，他不再像一开始的时候那样胆怯。他锻炼了自己的胆识，这对他以后在社会上生活有很大的帮助。

虽然他每天要给孩子们上课，但是道尔顿也没有放弃学习新知识。到了 15 岁时，道尔顿的学识已有很大提高。

此时，道尔顿感觉在坎伯雷教书已经不能满足他的需求了，他希望换一个新环境。对于道尔顿的想法，父亲总是给予最大的支持，这次也不例外。

于是，道尔顿离开了家乡，来到肯达尔镇上。在一所教会学校里担任助理教师，在这所学校里，他仍然坚持一边工作，一边读书。父亲的支持和他自身的勤奋成就了他辉煌的未来。

名人教子启迪

爸爸是孩子的守护神，一直爱着孩子，不管孩子在某一件事上是对还是错，是成功还是失败，但在精神上，爸爸是孩子永远的支持者，这意味着爸爸对孩子无条件的爱。

在道尔顿想要办学校时，父亲给予了他支持，当他想要换一个新环境时，父亲也一如既往地支持他，这才使得道尔顿能够取得很大的成就。

如果没有父亲的支持，道尔顿恐怕会像生活在坎伯雷的其他人一样，碌碌无为地过一辈子，只求温饱。

做孩子永远的支持者，就是无论发生什么，爸爸对孩子的爱都不会改变。爸爸可能会表扬或批评孩子某些具体的行为，但对孩子的呵护关爱却是毋庸置疑的。

也只有在爸爸永远无条件的支持下，在家庭温情关怀下，孩子才会充满快乐与自信，勇敢面对人生路上的风风雨雨。

许多爸爸会说："我的孩子当然知道我爱他。"实际上，孩子往往很难分清爸爸是生气还是不再爱他了。

爸爸可以通过多种方式对孩子表达支持与爱。在必要时，爸爸应该指出：对孩子某个行为的表扬或批评与对他的爱是不同的。要明确说出这种区别。

爸爸要告诉孩子，自己对他的爱，即使有时孩子会忘记做一些必须做的事，也要告诉他，爸爸对他的爱与支持是不会改变的。

爸爸要永远支持孩子，要随时看他的表情、微笑地倾听、用话语进行沟通。要以普通人的价值观来衡量孩子的所作所为，允许他在尝试中犯错误，在修正自己的行为中成长。

孩子就像翱翔天际的风筝，而爸爸的爱与支持，就像拉绳线一样，永远牵系着孩子。

专家给父亲的教子建议

建议一：做孩子背后永远的支持者

高尔基说："爱孩子，这是连母鸡都会的。"可是应该怎样去爱，却需要爱的智慧。

爱就是支持孩子自己勇敢地面对困难，在战胜挫折中长大、成材，而不是将孩子庇护在爸爸的羽翼下，拼命地给予孩子。这样的孩子最终会成为生活的低能儿，在社会的竞争中败下阵来。

建议二：支持孩子伟大的梦想

支持孩子的梦想，即使爸爸认为它是天方夜谭。因为孩子是属于未来的。敢于梦想，就是迈向梦想的第一步。

爸爸要支持并引导孩子找到通向梦想的大门，并勇敢地推开它，而不是以怀疑、嘲笑、否定的态度对待它，这样也许会扼杀一个未来的科学家、艺术家或实业家。

建议三：支持孩子的兴趣和爱好

孩子的兴趣爱好是他智慧的闪光和创造力的萌芽。爸爸应该引导、尊重、支持孩子的兴趣，以使孩子的综合素质得到全面发展。

爸爸可引导孩子将爱好与课本学习结合起来，扩展孩子思维的深度和灵活性；还可由兴趣入手，发现孩子的优势，鼓励孩子树立起远大的人生理想。

建议四：支持孩子学习的自由

爸爸对孩子最好的教育方式，就是为孩子创设自由的学习环境，尊重孩子的兴趣，保护孩子宝贵的想象力。

爸爸不要迷信于各类补习班，不要给孩子圈定条条框框，不要对孩子的学习指指点点。一切顺其自然，保护孩子的原创动力，让孩子的能力在无拘无束中茁壮成长。

第三章

尊重孩子，让孩子做自己的主人

左思之父发现和培养孩子的特长

左思，字太冲，齐国临淄人，西晋著名文学家。其诗继承了建安风骨的风格，高亢雄迈，形象鲜明。左思作品旧传有集 5 卷，今仅存赋 2 篇，诗 14 首。著有《三都赋》《齐都赋》《左太冲集》，其《三都赋》颇被当时称颂，使“豪贵之家，竞相传写，洛阳为之纸贵”。

左思生于三国末期，出身寒门，世家儒学，父亲左熹是一名低级官吏。虽然家庭条件不高，但父亲十分重视对左思的教育。在左思很小的时候，父亲左熹就在家中对他进行启蒙教育，教左思识字。

左思长大后，父亲想让左思学一项专长。

当时，书法艺术成熟，不仅各种体式并行，而且写书法的人在当时社会地位很高。这使得当时学习书法和研究书法颇为流行，尤其是名门贵族，更是以学习书法、谈论书法显示自己风雅、卓尔不群。在这种风气的影响下，父亲决定让儿子学习书法。

父亲为左思选择了当时流行的书法：曹魏书法家钟繇的楷书和东汉人的行书。先生教得很用心，但是左思对书法没有丝毫的兴趣，每天按时上课，按时回家。

在这种状态下，左思学习了一段时间，书法却没有什么进步，最后，左思离开了学堂。

左思在书法上的一无所成，并没有让父亲放弃对他的希望。父亲并没有责备他，而是积极为他寻找其他教授技艺的师傅。经过研究后，父亲决定退而求其次，让儿子学习弹琴。因为在当时，弹琴是成为文人雅士的必须要会的技能。

于是,在父亲的安排下,左思开始了琴艺的学习。然而,和学习书法一样,左思的琴艺资质平平，缺少领悟能力，更主要的是，他对学琴也没有太大的兴趣。左思学琴时没有投入热情,同样是按部就班地按师傅教授的方法做。

所以，左思在学了一段时间弹琴后，不仅没有学会精湛的琴艺，就连一段像样的曲子都演奏不出来。

看到左思学习书法和琴艺都没有成就，父亲有些失望了。有一次，父亲对朋友说："左思的天分不够，不如我小时候啊！"

这一切都被左思听到了，他非常难过，于是，暗暗下定决心，一定要刻苦学习。话虽这样说，但父亲并没有放弃对左思的期待和培养。

父亲为了给左思找到一条适合他的路，一连几天都苦思冥想。他终于发现，儿子性格内向多思，偏爱文学，或许他更适合学习作赋。

在父亲的安排下，左思开始学习诗赋。这次他没有让父亲失望，他对诗赋表现出了很大的兴趣。

他开始诵读古人的诗文，在这些诗文中他获得了前所未有的快乐。强烈的兴趣、安静的性格，让左思沉醉在文字勾勒的世界中。

父亲看到左思找到属于自己的技艺后非常欣慰，他知道自己终于为儿子找到一条适合他的路。

左思在自己感兴趣的领域里发奋读书，终于成为一位学识渊博的人。文章也写得非常好，后人评价他的诗文为"左思风力"。他用整整十年，写成的文学巨著《三都赋》被人们竞相传阅，一时洛阳纸贵。

父亲善于发现左思的闪光点，并帮助他将其转化为特长，使得左思在感兴趣的诗赋中坚持不懈，最终成就了他的辉煌。

名人教子启迪

孩子的智能发展是不均衡的，各有其强点和弱点，也就是说，每个孩子都在某个方面具有自己的特长，每个孩子都是某方面的"天才"。

爸爸要帮孩子发现自己的特长之处、找到自己智能的最佳点，使其潜力得到充分的发挥，这样才能获得事业的成功。

追踪调查表明：一个孩子所取得的某项突出成绩，往往与他的特长有着密切联系，特长的灵感常常促使一个人在工作上获得重大突破。

因此，爸爸在促使孩子全面发展的同时，还要注意孩子特长的培养和发展。而那种强令孩子放弃自己的兴趣爱好，而只埋头读书的做法是极其错误的。

左思从爱好文学，到成为著名的文学家，在这个过程中，爸爸对他的引导和帮助功不可没。如果不是在爸爸的鼓励、赏识下，左思身上刚刚萌发的文艺幼苗，恐怕很难长成参天的大树。

幸运之神是垂青于忠于自己个性长处的人的。松下幸之助曾说，人生成功的诀窍在于经营自己的个性长处，经营长处能使自己的人生增值，否则，必将使自己的人生贬值。

明智的爸爸都会和左思的爸爸一样，会积极地发现和培养孩子的特长。但培养孩子的特长不能盲目，也需要使用科学的方法，才能收到良好的效果。

专家给父亲的教子建议

建议一：注意发现孩子的兴趣和天赋

孩子刚刚接触世界，对世上一切都感到非常新奇，他有着旺盛的求知欲和爱美欲。

由于个体的差异性，不同的孩子对事物的兴趣千差万别，做爸爸的不能熟视无睹或等闲视之，更不能横加指责、盲目否定。

爸爸应该细心观察，发现孩子的兴趣和天赋，因势利导，因材施教，使孩子的兴趣沿着积极、健康的方向发展。

建议二：鼓励孩子，树立自信心

每个孩子的情况各不相同，起步年龄、性格倾向、理解力、家庭影响、环境因素等，都会因人而异，不同阶段造成了学习的进度、质量的不同。

如果爸爸动辄大声训斥孩子，挫伤了孩子幼小的自尊心，无形中就给予孩子极大的压力，甚至怀疑自己很笨，而没有信心去学习。

此时，爸爸应鼓励孩子，将某些理论问题反复深入细致地讲给孩子听。只要坚持不懈，问题就能逐步得到解决。

建议三：关心孩子，循循善诱

许多爸爸让孩子参加特长培训班，往往出发点是好的，却没有考虑到孩子的心态，也不管孩子是否喜欢。

在孩子学习时要求过高，这就使孩子学习时不用功，注意力不集中，一会儿要喝水，一会儿要上厕所，这些行为让爸爸感到很烦恼。于是有的爸爸就大声训斥孩子，甚至还动手打孩子。这样做适得其反，使孩子产生厌学的心理，个别孩子还会对所学习的特长由反感到厌恶，甚至仇恨。

因此，爸爸一定要引导好孩子，想办法将枯燥的学习内容形象化，以提高孩子的兴趣。孩子的情感是极不稳定，而且极易受客观环境所影响的，爸爸要关心孩子，注意耐心诱导。

建议四：选择合适的教师

很多爸爸都希望找到一位好老师，好的标准各持所见，一些爸爸认为教学水平高的即可，一些爸爸认为要有耐心的老师。

其实，这要看孩子的年龄情况。如果你的孩子只有4~5岁，不一定非要找教学出色的老师，因为这时的孩子好动，注意力不易长时间的集中，且思想活跃，那么最好能为他找一个懂得孩子心理学且有耐心的老师。

如果孩子已经上学，最好就找一个会启发、激励、正确引导孩子的老师，对于一个已经具备一定能力的孩子来说，最好能跟一个有经验的老师学习，这对孩子特长的发展会非常有利。

詹天佑之父给孩子玩的时间和自由

詹天佑，字眷诚，号达朝，是中国近代的铁路工程专家。主持修建我国自建的第一条铁路——京张铁路，创造“竖井施工法”和“人”字形线路，震惊中外。被称为“中国铁路之父”“中国近代工程之父”。著有《铁路名词表》《京张铁路工程纪略》等。

詹天佑，出生于一个普通茶商家庭，他是家中的长子。小时候的詹天佑非常贪玩，经常玩到很晚才回家，父亲忙于生意，很少约束他。

贪玩的詹天佑喜欢摆弄机械，由于家庭条件的原因，他没有钱买到真正的机械玩具，就经常和小伙伴用泥土做成各种各样的模型。

有一天，詹天佑和伙伴们偷偷溜进一个机器厂，看到里边又高又大的机器，发出“隆隆”的声音。他们既惊奇又害怕。

孩子们在机器旁边看过来看过去，摸摸这又看看那，想知道这个大“怪物”里边是什么样的。但是机器的构造是远远超出孩子们的理解力的，于是詹天佑想出一个办法，他决定用自己经常玩的泥土捏出一个机器。

于是，他围着机器来回看了几次，观察机器的运行状态，把它的样子记了下来。回到家后他兴致勃勃地用泥巴做起来，碰到不明白的地方，就反复琢磨，活像一个小工程师。

一次，詹天佑在路边偶然见到一个废弃机器的零件。他很兴奋，把它看成宝贝一样，整天拿在手中摆弄。

詹天佑渴望得到更多的零件，于是就更加注意收集零件了。他的衣兜里装满了他从各处收集的小零件，像螺丝钉、细铁丝、发条等。

后来，零件把詹天佑的衣服撑破了，母亲很生气，就把他兜里的“宝贝”倒出来，扔到院子里，不许詹天佑再玩了。詹天佑哭了起来，他舍不得扔掉辛辛苦苦搜集到的零件，又害怕母亲生气。

父亲回来后，看到詹天佑没像以前一样活蹦乱跳，而是静静地在一旁蹲着，感到很奇怪。就把儿子叫过来，询问原因。詹天佑战战兢兢地把事情说了一遍，他不知道父亲会不会帮他。

没想到父亲劝他别伤心，然后找母亲谈了谈，并劝母亲理解詹天佑，尊重他的兴趣。并且当着全家的面夸奖詹天佑脑子灵活、勤于动手。父亲还帮詹天佑把丢出去的小零件捡了回来，鼓励他继续钻研。

父亲的鼓励和支持，让詹天佑可以放心大胆地研究机器零件了，他对手中的小玩意投入了极大的热情。

詹天佑私塾毕业后，父亲决定送他出国学习，那时清政府正在选送幼童出国学习，父亲抓住了这个机会。

经过几轮考试，詹天佑被录取了。于是在1872年，12岁的詹天佑和一批孩子踏上了出国的轮船，开始了他10年的留学生活。

在美国，詹天佑和一起出洋留学的同学们，亲眼目睹北美科学技术的成就，对机器、火车、轮船的发展惊叹不已。

很多同学对中国的前途产生了悲观的情绪，但詹天佑却充满着学习的动力，他坚信将来的中国也会有自己的轮船、火车。

学成回国后的詹天佑没有让自己的祖国失望，他克服种种技术难关，修筑了中国人自己的铁路——京张铁路，使中外为之震惊。

名人教子启迪

爱玩是孩子的天性，也是孩子的权利。孩子都喜欢玩游戏，可以在游戏中找到快乐。游戏是拉近爸爸和孩子距离的有效武器，也是促进亲子关系和谐的润滑剂。

游戏，对于爸爸和孩子都有积极的影响。爸爸可以和孩子融为一体，营造活跃、愉快的家庭氛围，既放松了自己的身心，也让孩子感到轻松自在。

对于孩子来说，游戏不是爸爸眼里的胡闹，而是一项严肃的工程。游戏可以使孩子心情舒畅、健康成长，同时，游戏也是最好的学习方式。

游戏对孩子的成长有极大的帮助，不仅会激活孩子的想象力，提高孩子的语言表达能力，还会增强孩子的合作意识，使孩子掌握实际操作能力，提升孩子的社交能力。

爸爸要满足孩子的游戏需求，尊重孩子的这种权利，不仅会使孩子充分享受童年时代的快乐，更重要的是通过各种游戏，通过各种感官体验，帮助孩子深刻地认识和理解世界，从而促进孩子心智和情感的正常发育。

但是很多爸爸都认为，让孩子游戏是教孩子“玩物丧志”，害怕孩子一玩起来就忘乎所以，耽误学业。于是将孩子限制在一定的区域内，让孩子在自己的视线内玩耍。爸爸的这些想法和做法都是错误的，会扼杀孩子的创造力和想象力。

找到孩子的兴趣点，学习效果才更明显，而爸爸陪孩子一起游戏，在游戏中发现孩子的兴趣，然后因势利导，会起到事半功倍的效果。

游戏因为娱乐性和趣味性，孩子在玩的同时，也锻炼了动手能力和创新能力，这是教育孩子的好方法。

时代和社会要求爸爸要全面强化孩子的素质教育。为了让孩子拥有快乐的童年和健康的身心，爸爸要多留点时间和孩子玩，放手让孩子玩得开心，玩得健康，玩得聪明。

专家给父亲的教子建议

建议一：增加和孩子共处的时间

很多爸爸都以工作忙为理由，几乎没有留给和孩子沟通、交流的时间和机会，导致孩子和爸爸之间关系冷淡。

即使爸爸有时间和孩子在一起，也是对孩子进行说教，这使孩子对爸爸产生了排斥心理。

因此，爸爸要增加和孩子共处的时间，多和孩子一起玩游戏，在游戏的过程中，发现孩子的优势和弱项，并创设和谐的沟通环境，使孩子乐于将心里话倾诉给爸爸。

建议二：规定安排家庭“游戏日”

规定安排家庭游戏日，大家可以有更多共同话题，既加深了家庭成员之间的关系，又活跃了家庭气氛，这不但有益于身心放松，还对孩子的健康成长帮助很大。

爸爸可以每周或每个月固定一个日子，为家庭游戏日，可以选择的游戏也很多，如：唱歌比赛、成语接龙、绕口令等。爸爸要选择合适的游戏地点，兼顾室内和室外，增加孩子的游戏积极性。

建议三：利用游戏来锻炼能力

爸爸不要拿孩子的游戏不当回事。游戏不仅是孩子表现自我的主要方式，还是爸爸得到孩子真实信息的重要途径。游戏会刺激孩子的求知欲，丰富孩子的内心世界，塑造孩子的优良品格。

爸爸要在孩子的早期教育中抓住关键期，为孩子提供一个丰富多彩的游戏环境，给予孩子符合心智发育的各种刺激和教育机会，让孩子的视觉、听觉、触觉、味觉、嗅觉等方面都得到健康发展。

阿炳之父为孩子打开音乐的大门

阿炳，原名华彦钧，我国民间音乐家。他患有眼疾，双目失明。他刻苦钻研，精益求精，并广泛吸取民间音乐的曲调，一生共创作和演出了270多首民间乐曲。留存下来的作品有二胡曲《二泉映月》《听松》《寒春风曲》，琵琶曲《大浪淘沙》《龙船》《昭君出塞》6首。

公元1893年8月17日，即清光绪十九年，阿炳出生在江苏无锡雷尊殿旁“一和山房”。他的父亲华清和是无锡城中三清殿道观雷尊殿的当家道士，擅长道教音乐，阿炳是他的私生子。

在阿炳3岁的时候，母亲去世，他和叔叔生活在一起，由婶母抚养。后来，他跟随父亲在雷尊殿当小道士。父亲不想让阿炳做一个目不识丁的人，就把他送到私塾学习，阿炳在私塾里读了三年书。

但他的志趣不在读书上，他对乐器有特殊的爱好。每当他看到父亲陶醉地演奏的时候，就想象自己有一天也能像父亲一样，演奏出动听的音乐。

父亲发现阿炳不认真学习，有一天找机会问儿子为什么不好好读书。阿炳想了想，勇敢地向父亲说了他真实的想法。他告诉父亲，他喜欢音乐，想学习乐器。

父亲华清和说：“孩子，学习乐器会吃很多苦。你能行吗？”阿炳坚定地告诉父亲，他能行。于是，11岁的阿炳就不上学了，跟着父亲学习音乐。

华清和的名号为“华雪梅”，是说他擅长演奏二胡、三弦、琵琶等乐器，尤其精通琵琶。他技术高超，颇有名声。

父亲从最基本的的东西开始教起，阿炳天资聪颖，很快就能参悟。他学习刻苦，即使没有父亲的督促也不放松。

为了练好琵琶，他冬天用冰块摩擦双手锻炼指功。夏天为了防止蚊虫叮咬双脚，就把它们泡在水里。靠着非凡的天分和超过成人的付出，阿炳 13 岁就已经熟练地掌握了二胡、三弦、琵琶和笛子等多种乐器的演奏技艺。

学会乐器的阿炳经常参加拜忏、诵经、奏乐等活动，他的演奏获得众人的好评。

他没有被众人的夸赞冲昏头脑，依然不间断地练习。在他 16 岁那年，就已经得到了无锡道教界的一致公认。18 岁时，被无锡道教音乐界誉为演奏能手。

阿炳没有把自己局限在单一的音乐形式当中。为此，他不顾他人的指责，沉迷在音乐当中。他和浪迹天涯的民间艺人进行交流和切磋，并沉迷于其中，从而丰富了音乐的形式。

阿炳 20 岁的时候，父亲患病去世。他很伤心，把对父亲的感情寄托在音乐中。然而天妒英才，阿炳 21 岁时患了眼病，35 岁双目失明。那个时候社会动荡，阿炳的生活没有了着落。他不得不变卖家产流落街头，以卖艺为生。

阿炳饱受了人间的艰辛和苦难，他把对生活的感受融入到自己的音乐中，他的音乐因此具有了生命力。

从父亲那里学习来的演奏技巧让阿炳的内心更加丰富，他用音乐表达自己对生活的感受。可以说，音乐延续了阿炳的生命，让他的人生在动荡中也不失光彩。

名人教子启迪

孩子的音乐才华，并不是只有在专业老师的指导下，才能得到良好发展的。一个完全不懂音乐的爸爸，也能够为孩子做良好的早期音乐启蒙，让孩子培养出对音乐良好的兴趣，然后再进一步让孩子把它发展为自己的特长。

孩子对声音和音调的敏感度，可以由爸爸通过指引和辅导来帮孩子建立起来。爸爸要坚信，每个孩子都拥有自己的音乐潜能，等着爸爸来帮他发掘。

爸爸对孩子音乐艺术教育的培养，并不是一定要先让孩子去学一些理论和技能上的东西，孩子小的时候，主要是让孩子多听一些优美的乐曲，增强孩子的感知力和领悟力就可以了。

对孩子的音乐启蒙教育，可以让大些的孩子多听一些节奏比较强的音乐，让孩子能够自由地随着节奏手舞足蹈。培养孩子的节奏感，还能增强孩子对音乐的兴趣，以利于爸爸后期对孩子音乐特长的培养。

爸爸对于孩子音乐特长的培养是个系统的过程，爸爸要注意这其中的阶段性，不能急功近利。

专家给父亲的教子建议

建议一：爸爸从胎教做起

爸爸从妈妈怀孕时期，就要注意对孩子的音乐胎教，开发孩子的音乐智能。

爸爸想让孩子拥有更好的音乐天赋，可以在妈妈怀孕时，为妈妈播放一些优美的音乐，也可以带妈妈一起去听音乐会，让孩子感受到音乐的美感。

建议二：培养孩子对音乐的感悟力

孩子良好的感悟力来源于早期的音乐启蒙培养。

爸爸可以通过对孩了的一些早期的音乐启蒙教育，观察孩子对音乐有没有兴趣。如果有兴趣，就应该坚持让他听一些优美的曲子，培养出孩子对音乐的敏感性。

建议三：让孩子学会找节奏

爸爸在孩子两三岁的时候，就要让孩子多听一些节奏感比较强的音乐，此时孩子的活动能力已经很强了，在听到强节奏音乐时，对音乐敏感的孩子就会随着节奏手舞足蹈，在这个过程中可以培养出孩子的节奏感。

孩子在跳的过程中可以简单地给孩子踩一下拍子，让孩子知道拍子在哪里，可以更加准确地来跟着节奏跳，渐渐地孩子就可以自己找出节奏了。这个时期是对孩子的音乐特长节奏感培养的时期。

建议四：锻炼孩子的旋律和音准

在孩子稍大些时，爸爸就可以让孩子向旋律和音准方面的训练过渡了。

爸爸应该对孩子加强音乐旋律、音准方面的具体培养，可以让孩子配着曲子接触乐谱，渐渐地学会认五线谱，孩子在这个阶段学的都应该是一些最简单的旋律，进一步引发孩子的音乐兴趣。

建议五：让孩子学习音乐技能

如果爸爸想要培养孩子音乐特长，可以让孩子学习实际的音乐技能，比如，爸爸可以根据孩子的兴趣和自己对孩子的了解，来帮孩子选学一门乐器。

乐器一旦选定，就要开始专业的技能培训，可以让孩子师从专业的音乐老师，让老师定期定量来指导孩子的学习，从初级到中级再到高级，每一步都要走稳，打下扎实的基本功，才能对以后的学习起到良好的帮助。

培根之父让孩子拥有独立的见解

弗朗西斯·培根，英国文艺复兴时期最重要的散文家、哲学家、教育家。他是一位理性主义者、一位经验论者；在政治上，他是一位现实主义者，而不是理论家。马克思称他是“英国唯物主义和整个现代实验学的真正始祖”。代表作品有《新工具》《学术的进步》《新大西岛》等。

1561年1月22日，弗朗西斯·培根出生在英国的一个贵族家庭。他的父亲古拉斯·培根是伊丽莎白女王的掌玺大臣和大法官，母亲安妮是一位博学多才的才女，她精通希腊文和拉丁文。培根从小聪明伶俐，父母都很宠爱他。

在他5岁的时候，父亲带他到皇宫去。父亲担心他第一次见到女王会胆怯，没想到小小的培根不但没有害怕，反而很从容。

女王问他：“小朋友，你多大了？”培根不慌不忙地回答说：“我是在女王幸福的朝代出生的，年龄比您的王朝还小两岁。”女王看培根这么小的年龄就如此聪明伶俐，高兴地夸奖道：“你真是我可爱的掌玺大臣。”

良好的家庭教育使培根养成了良好的学习习惯，而且，父亲还经常就一些问题和培根展开辩论，要他激发思维，说出自己的独立见解。

培根在家中完成了小学教育，12岁时，被送到剑桥大学三一学院深造。三一学院是专门培养国家未来官员的学院，培根在这里学习了哲学、逻辑学等课程。

父亲的教育使培根在学习中不是一个人云亦云的学生，他有自己独到的见解。不管是看到经典的著作，还是名人的作品，他都能提出自己独到的见解。在当时，一个年轻人能有这样的胆识和勇气，是一件让人佩服的事。

剑桥大学历来注重对学生辩论才能的训练，在学校中年纪最小的培根最喜欢辩论课。在当时，很多学生因为胆怯而不敢上台辩论，培根的勇气让大家佩服。

培根的逻辑思维很强，他从不强词夺理。他的论辩事实依据，让对方心服口服。在剑桥大学学习三年后，15岁的培根作为英国驻法大使埃米阿斯·鲍莱爵士的随员来到了法国。在法国，他接触到了不少新鲜的事物和思想。

培根利用闲暇的时间走访了法国的各个地方，了解了欧洲大陆的政治情况。这些经历对他以后世界观的形成有重要的影响。

在培根18岁那年父亲去世，这让培根的生活开始陷入困境。为了谋生，培根一边攻读法律，一边四处谋求职位。1582年，他终于取得了律师资格，后来当选为国会议员。

有一个有意思的现象，无论是在法庭上还是在过会上，只要是培根发言，就会有很多听众。他独到的见解和雄辩的口才让人们折服，他的言论甚至成为当时的名言。

在这些年的锻炼中，培根的思想更加成熟了，他积极谋求更高的职位。他的主张受到当政者的赏识，1602年受封为爵士，15年后被提升为掌玺大臣。

一年后，培根获得了大法官的职位，1618年，培根晋升为英格兰的大陆官，授封为维鲁兰男爵，1621年又授封为奥尔本斯子爵。

公务繁忙的培根没有放弃对真理的探索，这一时期，他有多部著作。1621年，培根被国会指控贪污受贿，从此离开政界。

离开政界的培根专心从事学术研究。1624年，培根写下了富有科学精神人生哲理的经典之作《论说随笔文集》。这本书是培根的随笔，从各个角度对人生进行了论述。

培根的父亲不仅给了他生命，还给了他思想，让他拥有独到的见解。培根获封子爵，却以他独立的思想闻名于世，和他的荣华富贵无关。

名人教子启迪

让孩子拥有独立的见解，就是让他在面对问题时，能够独立分析和解决问题。培根的父亲重视培养他的思维能力,这为培根以后的生活奠定了基础。

一个孩子在生活上和学习上喜欢依赖别人，这对他将来走入竞争激烈的社会是很不利的。爸爸在孩子还小的时候就要培养孩子有自己的思想和见解，让孩子做一个果断、自信的人。

一个拥有独立见解的孩子，必定也是一个有主见的孩子，在面对事情的时候，也能够更好地把握自己。有主见也需要责任心和勇气，因为发表了自己的观点，就要有勇气去承担带来的结果，让孩子学会独立思考，就是给了他一个独立的大脑、勇敢的精神。

这就要求爸爸要经常让孩子发表自己的看法，成为有主见的人。如果孩子太没有主见，在生活和学习中就容易对别人或权威产生依赖，不能自主地坚持自己的决定，很多时候就会人云亦云，最终让机会在自己身边白白地溜走。

爸爸要培养孩子的主见，培养孩子自己决定自己的事情，在问题面前积极思考，并且当机立断地行动，这是做事成功的基本条件。

在生活中会面临很多选择，孩子必须学会做出适合自己实际的选择。如果总是依赖于别人的决定，孩子就会渐渐地偏离自己的人生轨道，成为别人的附属品。

爸爸要注重对孩子思维能力的培养，让孩子拥有独立的见解，成为一个掌握自己人生目标的主人，而不跟在人身后亦步亦趋地盲目随从。

专家给父亲的教子建议

建议一：培养孩子勤于思考的习惯

没有主见的人一般都是思想懒惰，面对问题不能积极思考。培养孩子勤于思考的习惯，是培养孩子有主见的力量源泉。

只有善于思考的人，面对问题才会积极主动想办法，主见就是源于自己对所想办法的自信。所以，爸爸应该培养孩子善于思考的习惯。

建议二：爸爸要给孩子信任

爸爸的信任，是鼓励孩子独自做事的强大支持力。当孩子感觉到爸爸对自己的信任时，在做事情的过程中就会更加积极，遇到困难也不会轻易放弃。

爸爸给孩子自己做事情的信任，是对孩子能力的一种认可，是对他的一种无声的鼓励。会让孩子敢于承担自己应该承担的责任和义务，能够去下决定，并对自己的决定去积极负责。

建议三：让孩子自己的事情自己做

自己的事情自己做，是培养孩子独立见解的很好办法。从小让孩子学会自理，其实也就是在锻炼他能够更好地处理和应付自己的事情，自己思考和做决定。

如果爸爸不能放手，让孩子学会自己的事情自己做，只会使孩子丧失主见，没有自己的独立见解，依附于爸爸。

建议四：给孩子一些自主的权力

爸爸不能因为孩子小，就不给他自己做主的机会，事事都要自己给孩子拿主意、做决定，这样只能让孩子失去自己做主的机会。

爸爸从小就应该在孩子的吃穿玩上给孩子自己做主的机会，不要去强迫孩子按爸爸的意思来吃穿玩。

建议五：教会孩子说“不”

说“不”是面对别人不合理的要求，或自己不愿意的事说出自己的想法，这是自己做主的体现。

爸爸要有意识地培养孩子敢于对爸爸说“不”，这就是培养孩子主见的开始。有的时候爸爸还可以故意地做错一些事情，让孩子来指出爸爸的错误，然后再对孩子的指正给予赞扬。

这样能够让孩子明白，自己的思考也是很重要的，权威不一定就是永远正确的，要能够自我评判。

罗斯福善于培养孩子的独立能力

富兰克林·德拉诺·罗斯福，美国总统，也是美国历史上唯一蝉联四届（第四届未任满）的总统，是美国执政时间最长的总统。在 20 世纪的经济大萧条和第二次世界大战中扮演了重要的角色，被学者评为是美国最伟大的三位总统之一。

罗斯福是美国历史上很有作为的总统，他使美国从经济危机中走出来，抛弃了传统的自由放任主义，加强政府对经济领域的干预。还带领美国人民赢得了第二次世界大战的胜利。在教育子女的问题上，他也堪称典范。

罗斯福从来没有因为自己的身份而给过儿子特殊的待遇，他的名言“对儿子，我不是总统，只是父亲”曾引起了不小的震撼。

有一天，罗斯福的一个儿子开车违反了交通规则，警察把他带到法院接受惩罚。法官得知他是总统罗斯福的儿子后，不仅没有惩罚他，反而把他带到自己家里吃饭。儿子很得意，回家后把这件事讲给罗斯福听。

没想到，罗斯福听后勃然大怒，他严厉地训斥儿子，指出这件事没有什么值得炫耀的。他批评儿子作为一个公民，没有公民责任感。违法了交通规则，逃避惩罚是缺乏法律意识。

罗斯福严厉的批评让儿子无地自容，他还要求儿子立即去缴纳罚金并接受惩罚。

罗斯福十分注重培养孩子的独立品格，不让他们过分依赖父母。他的大儿子吉米，对此深有体会。

吉米 20 岁上大学期间，曾和朋友去欧洲旅行。在欧洲，他发现了一匹好马，就用剩下的旅费买下了这匹马。把钱花完的吉米没有钱买其他的东西了，就给家里发电报，要求寄钱给他。

吉米满怀期待地等待父亲的回信，接到父亲的电报后，吉米哭笑不得。罗斯福是这样给儿子回的电报：

吉米，收到了你的来电，祝贺你做了一笔一本万利的投资，若失败，建议你游泳回美国来！

聪明的吉米知道父亲的意思，他是不同意自己的做法。于是，他卖掉了马，和同学一起乘船回国了。回国后的吉米改变了乱花钱的毛病，不再无计划的花钱了。

罗斯福不仅注重培养孩子独立生活的能力，他还注重孩子精神上的独立。当时“二战”的形势很激烈，美国受到了打击。二儿子埃利奥特不知道未来应该怎么走，他感到迷茫，就问罗斯福应该怎么办。

罗斯福没有直接告诉埃利奥特应该怎样做，他说：“要我告诉你该怎么做，那你应该首先认清我是一个怎样的父亲。你们的事你们自己决定，我从不干预。”

没过多久，埃利奥特就放弃了刚成立的公司，决然地走进了陆军部的大门，参了军。他是四个兄弟中第一个参军的，后来他的三个兄弟和他一样都参军了。

身为总统的罗斯福，从来不宠溺孩子，让他们享有特权。他的 4 个儿子在战场上英勇作战，建立了战功，均有所成就，这些成就与罗斯福的教育是分不开的。

名人教子启迪

独立成长，“独立”是成长的主要目标，使孩子成为独立的人，具有发展生命的能力。罗斯福注重培养孩子的独立能力，才使得孩子个个都有所成就。

歌德曾说过：“谁不能主宰自己，谁就永远是奴隶。”这在家教中同样适用。爸爸必须意识到，孩子如果不能独立成长，无法操控自己的生活，就难以在社会中发挥自己的潜能，就不会做出较大的成绩了。

小时候的孩子，缺乏自理能力，需要爸爸的照顾，这是爸爸应该做的。随着年龄增长，孩子已经具备了独立做事的渴望和能力，一直向独立成长的方向努力，这时候爸爸就该适当放手，让孩子独立成长。

孩子的成长过程只能由孩子自己体验，是爸爸和他人所无法替代的。只有让孩子独立成长，才会享受人生的每一次进步。

孩子是一个独立的个体，有独立的人格和自我意识，有渴望得到尊重和独立的愿望。爸爸不要因为孩子的年龄小，就无视孩子的自我意识。

爸爸都希望孩子有远大的志向，可以承担来自家庭和社会的责任，独立成长是至关重要的一环。爸爸要帮助孩子做好人生的第一必修课。

爸爸的责任是帮助孩子具备在社会上生存和发展的能力，让他独立行走在社会上，在孩子的成长过程中只要及时给予孩子指导就好了。

专家给父亲的教子建议

建议一：爸爸要战胜自己为孩子做事的冲动

爸爸通常会溺爱孩子，在教育孩子的过程中会心软。爸爸要想培养孩子独立成长，培养孩子独立生存的能力，就首先要战胜自己，不要看到孩子哭闹就不忍心，就向孩子妥协，放弃自己对孩子的要求。

爸爸教育孩子的时候不要单凭感情做事，要着眼于孩子的长远发展。孩子会长大，走向社会，接受社会的考验，这些都不是爸爸可以为孩子做好的，而是要靠孩子自己去探索的。

所以，爱孩子，就要从小培养孩子的独立性，让孩子自己去走路，不要代替孩子。

建议二：爸爸要给孩子自己做决定的权利

在爸爸的过度约束下长大的孩子会把爸爸的话作为自己思想和行为的准则，不懂得独立思考，只有学会独立思考的孩子才会将自己的命运掌握在自己手里。

爸爸不可能陪伴孩子一生，孩子将来的路还是要靠孩子自己去走，爸爸要把选择、做决定的权利交给孩子。

只要不是原则性的问题，爸爸可以放手让孩子自己做决定，而且要多为孩子提供自己选择的机会，并且是真正让孩子做决定。

建议三：要解放孩子的手、脚和大脑

陶行知提出的“六大解放”，不只是对老师提出的要求，还对爸爸的家庭教育提出了要求，在家庭教育中同样适用。

爸爸应该了解和尊重孩子在生活中的权利和职责。孩子作为家庭中的一员，有表达自己和发展自己的权利。

在涉及孩子的自身发展问题上，孩子有按照自己的意愿做事的权利。爸爸要明白这点，就会做到解放孩子的手、嘴和大脑，时间和空间。

爸爸要让孩子行驶自己的权利，让孩子敢想、敢做，而不是单纯地听从爸爸的意见。这样，孩子会逐渐地学会独立成长。

建议四：给独立成长的孩子以指导

爸爸要让孩子在独立成长的时候心理上有安全感，爸爸的爱和指导就可以给孩子这种安全感。孩子的独立成长都是在不断地犯错、反思纠正错误的过程中完成的。如果没有这种磨砺，孩子的人格就会不完整。

放手，让孩子独立成长是对孩子最好的礼物。但是孩子的年龄特征和社会阅历决定了孩子无法自己独立成长。

这就需要来自爸爸的适时的指导，爸爸在孩子犯错误时或有无法自己解决的问题时，不能对孩子表现出不耐烦或是嘲笑，而要用爱去帮助孩子解决问题。

苏霍姆林斯基鼓励孩子勇于表达观点

瓦·阿·苏霍姆林斯基，苏联著名教育实践家和教育理论家，毕生从事教育事业。曾担任俄罗斯联邦教育科学院通讯院士，苏联教育科学院通讯院士。1969 年获乌克兰社会主义加盟共和国功勋教师称号，并获两枚列宁勋章、1 枚红星勋章、多枚乌申斯基和马卡连柯奖章等。

苏霍姆林斯基出生在乌克兰共和国的一个农民家庭，17 岁从事教育事业，直到去世。他一生致力于教育实践和科学研究，写下了很多关于教育的著作，为后人留下了宝贵的精神遗产。

他对学生的教育很用心，创造出一套有用的方法，对自己儿子的教育也很用心。

勇于表达自己的想法，不要屈服于权威和压力，这是苏霍姆林斯基对儿子的要求。在儿子刚懂事的时候，苏霍姆林斯基就告诉儿子这个道理。

有一次，儿子放学回家，告诉苏霍姆林斯基发生在学校里的一件事。那天，在课堂上，有两个学生迟到了。老师态度和蔼地让一个学生回到座位上，而冷酷地把另一个学生挡在门外。

学生们都知道，坐到教室里的孩子家里有钱，是富人家的孩子；站在门外的孩子家里贫穷，是穷人家的孩子。

苏霍姆林斯基的儿子对老师的偏心非常生气，但是敢怒不敢言。他不敢跟老师理论，只能眼睁睁地看着他的同学站在教室外面。

对父亲说完学校里发生的不公后，儿子叹了一口气。苏霍姆林斯基问儿子：“你认为老师做错了吗？”儿子张口就答：“当然是老师做错了。”

苏霍姆林斯基为儿子的正义感感到高兴，但他没有表露出来。他接着问儿子：“既然你知道老师做错了，为什么不说出来？为什么你没有为那个穷人家的学生说话呢？”儿子沉默地低下头，小声嘟囔了一句：“他是老师呀。”

苏霍姆林斯基拍拍儿子的肩膀，笑着说：“如果你认为他做错了，就应该指出来，不管他是不是老师。记住，把自己的想法说出来，让老师知道，要平等对待每一个学生。”

听了父亲的话，儿子第二天上学去。一见到老师，就把昨天对老师做法的意见告诉老师，看着这个小学生都这样勇敢，老师深感惭愧。

看着儿子一天天成长，苏霍姆林斯基很欣慰。他经常帮儿子解答自己的疑惑，在儿子上大学后也没有间断。

儿子后来去离家远的地方上大学，父子俩经常通信。有一次，儿子在来信中像父亲倾诉自己的无能为力。

他们学校附近有一个农庄，农庄里有很多果树。水果长得水灵，收成也不错。可是农庄主还来不及摘这些水果，政府就命令机器把田地重新翻耕一遍。

看完儿子的信，苏霍姆林斯基马上提笔给儿子写回信。在信中，他首先夸奖了儿子。他说，儿子对这件事情的看法是正确的，说明儿子关注周围的人和事，而且儿子有正确的是非观念。这一点非常重要，但他也对儿子只有想法，而不敢表达出来表示失望。

在回信中，苏霍姆林斯基为儿子提出一个建议：“你应该向相关机关部门说明你对这件事情的看法，并让他们解决这件事。”

儿子按照父亲的建议找到相关部门，并向他们表达了自己的想法。但是他们将苏霍姆林斯基儿子的想法当作是天方夜谭，还嘲笑说他是一个怪异的人。

儿子在给父亲的信中表达了自己内心的失落和沮丧，苏霍姆林斯基为儿子的状态感到忧心。于是，苏霍姆林斯基鼓励儿子，不要因为受打击就放弃自己的想法，也不要受外界影响就此屈服，做一个碌碌无为的人。

他告诉儿子，人活在世上不会总遇到美好的事情，难免会遇到一些丑陋肮脏的事情。无论如何，一定要坚持自己认为正确的事情。很多时候，表达自己的想法不是用嘴说的，而是用行动表示的。

儿子后来面对社会的黑暗时，没有退缩。他坚决而勇敢地捍卫正义，这源于苏霍姆林斯基对他的教育。

名人教子启迪

在重视交流和合作的社会，孩子的说话能力和水平被用来当作评价孩子知识、修养和能力的重要标尺，所以爸爸要重视对孩子说话能力的培养。

特别是对于一些不爱表达自己想法的孩子，爸爸一定要鼓励孩子，勇敢说出自己心里的想法。

孩子有自己的思想和见解，但是如果不能够很好地表达出来，别人就无法了解孩子的想法。孩子不说出自己内心的想法，爸爸也就不能够很好地了解孩子的困惑，不能给予孩子及时地引导和帮助。

苏霍姆林斯基的做法，鼓励了孩子说话的积极性，对孩子的心理带来了很好的影响。苏霍姆林斯基鼓励孩子勇敢表达自己的观点，是非常正确的。

爸爸要明白，能否勇敢表达自己的观点对孩子的人生发展起着关键作用，孩子只有意识到了表达出来的重要性，才会敞开心扉，说出自己的想法。

有的孩子本身属于性格内向的孩子，爸爸要尽量让孩子多和外界接触，让孩子在和他人接触的过程中，培养自己外向的性格，养成和别人交流沟通的好习惯。

很多孩子在外人面前会害羞，爸爸要尊重自己的孩子，站在朋友的位置，用心去感化孩子，帮助孩子矫正害羞的习惯，让孩子掌握融入社会的方法，以便得到他人的理解和支持，同时，鼓励孩子说出心里话，也是沟通孩子和爸爸关系的桥梁。

专家给父亲的教子建议

建议一：和孩子保持有效的沟通

爸爸和孩子保持良好的沟通关系，孩子才会大胆地说出自己的想法。如果孩子说出自己的想法，得到爸爸的否定或忽视，孩子就会隐瞒自己的真实想法。

爸爸要抽出时间和孩子进行交流，了解孩子的想法，鼓励孩子勇敢地说出自己的想法，要对孩子的想法进行善意的表扬，以此来激励孩子说话的欲望，并把这种说话的欲望从家庭中，延伸到学校和社会上。

建议二：不要总是重复说过的话

很多爸爸习惯于重复自己的话，这是很不好的习惯，它会使孩子生活在无奈、反感、嘈杂的环境中。

最初孩子会试着和爸爸说出自己的想法，但是时间一长，孩子会对爸爸的唠叨听而不闻，用沉默的方式来反抗。

在这样的家庭环境中，孩子会不和爸爸说话，以免引起爸爸更多的训斥，久而久之，这也会削弱孩子说话的能力。

建议三：增强孩子的口才教育

优秀的孩子都是综合素质很高的人，不论是在学习成绩上，还是在和别人的交流能力上。口才是孩子能力的体现。

不少学校在招生时，除了看孩子的成绩外，还增加了面试的环节，其实就是为了考查孩子的说话能力。因此，爸爸要重视增强孩子的口才教育。

口才和说话能力都不是孩子天生具备的，爸爸要在孩子的成长过程中，有意识地锻炼孩子的语言表达能力。

建议四：鼓励孩子提出有想法的问题

生活中，孩子大部分时间都是在听爸爸说话，而不能主动和爸爸说出自己的想法。实际上，大部分的孩子是问题专家，会问爸爸很多奇怪的问题，但是很多爸爸不重视孩子的问题，而是以成人的眼光来看待孩子的问题，导致孩子变得不再爱说话。

在日常生活中，爸爸要有意识地与孩子进行沟通，启发孩子用提问的方式，来刺激自己说话的能力。

爸爸要从孩子的内心出发，学会尊重和理解自己的孩子，孩子才会勇敢地说出自己的问题。另外，爸爸要对孩子的问题细心解答，以此来强化孩子说话的意识。

尼尔斯·玻尔教会孩子独立思考

尼尔斯·亨利克·戴维·玻尔，丹麦物理学家，原子结构学说之父，哥本哈根学派的创始人。哥本哈根大学科学硕士和哲学博士，丹麦皇家科学院院士。曾获得丹麦皇家科学文学院金质奖章，英国曼彻斯特大学和剑桥大学名誉博士学位，1922年获得诺贝尔物理学奖。

尼尔斯·玻尔是著名的学者、物理学家，曾于1922年获得诺贝尔物理学奖。他的儿子阿格·玻尔于1975年获得诺贝尔物理学奖，在物理界，父子俩均获得诺贝尔奖的并不多见。阿格·玻尔的成就得益于父亲的精心培养。

尼尔斯·玻尔的成就源于父亲对他的谆谆教导，所以他懂得父亲对儿子的影响。在教育孩子时，他注重培养孩子独立思考的能力。

阿格·玻尔生于知识分子家庭，对他来说，在家里听父亲和当时有名的科学家、艺术家讨论科学和哲学问题，是再平常不过的事了。

每次有学术讨论或者探讨，尼尔斯·玻尔总是让儿子坐在旁边听。阿格·玻尔总是静静地坐在一旁，听着大师们谈论自己听不懂的问题。虽然听不懂，但他的心中充满了对知识和长辈的尊敬，父辈们的讨论话题被阿格·玻尔贪婪地吸收。

从那时候起，阿格·玻尔就告诉自己，科学研究一定要独立、认真思考，讨论是获得知识的重要手段。

除了带儿子参加聚会外，尼尔斯·玻尔还常给儿子讲物理知识。父亲的讲解从不让阿格·玻尔感到枯燥，反而让他觉得很有意思。

尼尔斯本身喜欢运动，尤其是去野外远足。他也常常带着儿子一起到外边散步，让儿子感受大自然的美丽和无情。

在远足的过程中，尼尔斯趁机向儿子讲述与周围环境有关的各种知识。看到满天的彩霞和翻滚的云海，他们谈论风雨雷电的成因；见到美丽的花朵，父子俩讨论植物的生长需要的环境。

有一次上手工课时，阿格·玻尔搭建了一个木偶戏台，想送给在家的弟弟。可是他还没有搭好就放学了，木头又不能带回家搭建，这让他很沮丧。父亲发现后，就给他买来一堆材料和工具。阿格·玻尔很高兴，他熟练地搭好了一个木偶戏台。

心灵手巧的阿格·玻尔对车工技术非常有兴趣，有一次，阿格·玻尔看到家里的自行车放在一边。想知道自行车构造的他一时没有忍住好奇心，就把自行车拆开了。

可是，拆开容易，再次组装上就困难了。阿格·玻尔想了很多办法，就是不能把自行车组装好，他急得手足无措。母亲看到儿子着急，自己心里也急，于是就叫女佣去请修理工来把自行车修好。

但是，父亲尼尔斯认为，只要给儿子时间，他一定能把自行车组装好。他对妻子说："让阿格自己修吧，我相信他会找到组装的办法的。"

冷静下来的阿格·玻尔仔细回忆着拆自行车的过程，他又认真观察了各个零件，终于找到了组装的方法。

尼尔斯还常利用生活中的东西考察孩子的思考力。

有一次，他准备了两个杯子，一杯倒上水，一杯盛上白酒，两种液体的体积是一样的。他假设每次用勺子舀的液体都是均匀的，第一步是把一勺酒倒入清水中拌匀，再从拌匀的水中舀一勺液体倒入盛酒的杯子中。他问儿子，现在酒杯中所含的水和水杯中所含的酒哪个多。

阿格·玻尔总是在父亲即兴出的题目中思考，这养成了他独立思考的好习惯。

名人教子启迪

面对复杂的社会，能独立思考，明辨是非，是孩子成长过程中必须着力培养的重要素质。

社会是个五颜六色的大染缸，社会也是丰富多彩的大课堂。在爸爸的监护下，可以让孩子学会自己做主，学会与社会上形形色色的人打交道。

不仅能使孩子正确区分真善美，使纯洁的心灵免受污染、欺骗和伤害，而且还能不断提高他们分析问题、解决问题的能力，这对培养孩子独立健全的人格有着十分重要的意义。

没有独立思考能力的孩子，就没有独立性。要培养孩子独立思考的习惯，爸爸就要提供一些机会给孩子自己去思考，去感觉：什么对，什么错，什么应该做，什么不应该做等。

许多爸爸为了不让孩子吃苦，在孩子吃饭、睡觉、玩耍、交朋友等方面都采取事事包办的做法，而不是鼓励孩子去独立思考、独立做决定，从而导致了孩子离不开爸爸。

这样的爸爸应好好反思自己，因为这样做，会导致孩子形成的脆弱性格。同时，也要向尼尔斯学习，注重培养孩子独立思考的能力。

独立思考是积极主动地思考，具有新颖性创新性的特点。它是任何创作、发明发现的源泉，要想有一番作为的人都离不开独立思考。

在孩子的思维有了进一步的发展后，抽象思维就会开始萌芽，此时，爸爸应该加强对孩子训练，提高孩子的思维水准和思考能力。

专家给父亲的教子建议

建议一：创造思考的家庭环境

有位爸爸通过朗读简单的诗词来引导孩子思考问题。他先读一首诗，然后和孩子一起讨论，由此引起孩子联想出一连串问题。

创造思考的家庭环境，有助于提高孩子独立思考的能力，将使孩子终生受益。

建议二：启发孩子思考问题

爸爸在与孩子相处与交谈中，要经常以商量的口气，进行讨论式的协商，留给孩子自己思考的余地，要给孩子提出自己想法的机会。

爸爸可采用启发式，诱导孩子逐步展开思考。当孩子在想问题时，爸爸不要太热心、太性急，而应该留给孩子足够的思考时间。

尤其不要轻易直接地把答案告诉孩子，孩子答错了，可用提高性的问题帮助他思考，启发他自己去发现和纠正错误。

建议三：让孩子多听取不同意见

孩子大多数只顾说出自己的想法，没有耐心去等待别人把话说完和简单地重复说过的内容。由于听不进别人的意见，就容易忽略那些能开阔视野的见解。

例如孩子说邻居家的小伙伴是“笨蛋”，就要让他去问问哥哥、姐姐对那个孩子的评价。这就可能使孩子看到自己未曾想到过的方面。

同样，爸爸让孩子留意新闻、广播等等对同一事实的种种不同分析，对孩子学会集思广益大有好处。

建议四：让孩子自己分析问题

无论遇到什么事爸爸都不要代替孩子思考。孩子做错事时，不要一味地指责训斥，可以让他自己想一想什么地方做错了，为什么做错了，应该怎样做。

孩子做什么事，爸爸都不应限制过多。如果孩子失败了，爸爸应该鼓励他，帮助他找出失败的原因，鼓励孩子克服困难，避免失败。

独立思考是孩子认识问题、解决问题的主要手段。没有这些智力活动，世界就停滞不前了。作为爸爸，应该利用各种机会，培养小孩子的独立思考能力。

第四章

培养孩子做人的美好品德

李泽厚优先培养孩子的品德

李泽厚，著名哲学家、美学家。现为中国社会科学院哲学研究所研究员、巴黎国际哲学院院士、美国科罗拉多学院荣誉人文学博士，德国图宾根大学、美国密西根大学、威斯康星大学等多所大学客座教授。代表作品有《美的历程》《中国近代思想史论》《美学论集》等。

李泽厚是著名的哲学家，在国内和国外享有盛誉。他1954年毕业于北京大学哲学系，现在是中国社会科学院哲学研究所研究员，任巴黎国际哲学院院士和美国科罗拉多学院荣誉人文学博士。

李泽厚有个独生子，从孩子呱呱坠地起，他就很在意孩子的成长。李泽厚非常疼爱孩子，但从不娇惯孩子。他特别注意孩子各方面能力的培养，尤其注重孩子的品德。

他认为，良好的品德胜于一切。要培养孩子坚毅的品质，就要让孩子自己思考和判断，让孩子自己选择，对自己负责。作为父亲不能干涉孩子，只是提供一些建议和忠告。

李泽厚在儿子还很小的时候，就开始培养他的注意力。儿子想要出去玩，李泽厚就告诉他，先把自己的事情做好再出去，并在旁边督促儿子集中精力把事情做好。

儿子玩的时候，李泽厚从不干涉，让孩子痛快地玩。有的时候，他还陪儿子一起玩。在父亲的教育下，儿子从小就养成了专注的好习惯。

除此以外，李泽厚还注意对孩子意志力的训练。他认为，孩子的意志力训练要从小抓起。像很多孩子一样，李泽厚的儿子小时候也爱哭。但李泽厚不像别的父亲那样，为了哄孩子使尽浑身解数，满足孩子的要求。

为了帮助孩子改正爱哭的毛病，李泽厚的方法是越哭越不给。他用这种方法让孩子明白哭是不对的。

虽然李泽厚的儿子是独生子，却没有养成独生子女的娇气和依赖性。李泽厚在教育孩子时就很注意孩子独立性的培养。

他说："培养孩子的独立性，就是让孩子什么事情都讲道理。如要求孩子做一件事，先问他答不答应。不答应，有道理，可以；答应了就一定要做好。"

孩子学走路的时候，经常摔跤，但是李泽厚从不扶他，他让孩子自己站起来。后来孩子长大了遇到事情时，自己就能拿主意，这得益于李泽厚从小对他的教育。李泽厚从不告诉孩子应该做什么、怎么做，他让孩子自己做决定，并对自己的决定负责。

为了让孩子长大后能更好地适应社会，李泽厚从小就带着儿子参加各种活动。他相信让孩子接触更多的人，对于孩子将来很有好处。

如果孩子做错了事，李泽厚也会惩罚孩子。但在惩罚前，他先给孩子讲道理，告诉孩子为什么错了，他还问儿子同不同意他的说法。

他让儿子表达自己的想法，如果孩子的想法有道理，他就向孩子认错；如果孩子说的没有道理，他就会毫不留情地惩罚孩子，直到儿子认识到自己的错误。

在李泽厚的教育下，儿子也成长为一个有用之材。像他的父亲一样，有渊博的学识。

名人教子启迪

教育的任务不应该仅是教授知识，尤其是在家庭教育过程中，其重点应当是充实孩子的人格和品德，使他的品德获得健全、和谐的发展，李泽厚就做到了这一点。

因为他知道，只有让孩子的品德与智力得到同步协调的发展，才能将孩子培养成为具有高素质的人才，适应社会的人才。

仔细研究古今中外各个领域的成功人士，可以发现，他们的成长之路并不相同。但他们身上却拥有着共同的良好品德修养，懂得尊重他人，诚信负责，宽容，在这些基本做人品德的基础上，发展其他优秀的行为习惯，为他们的成功铺垫道路。

他们之所以能在众多人中脱颖而出，过人的专业技能是一部分原因，但更重要的是他们有着非常健全的品德修养和良好的心理素质。他们宽容诚信，能忍受被忽视与寂寞，忍受委屈与误解，忍受繁忙与压力，忍受挫折与失败。

他们之所以取得成功，其与众不同之处，更在于他们拥有这些可贵的品德素质，而并不仅仅是他们的学历与才华。

从这些成功人士的共性中，可以明显地观察到他们智力上的成就在很大程度上依赖于他们人格和品德修养的伟大。

只有首先具备进入这个社会的基本品德要求和与人相处的良好修养，并拥有一定才华的孩子才能步入成功的殿堂。

品德不是天生的，与遗传几乎是不相关的，完全是后天和社会的产物，一个人所具有的优秀品德都是从小通过所接受的教育而逐步养成的。

专家给父亲的教子建议

建议一：教孩子讲文明

良好的礼貌习惯是尊重别人的基本要求，也是开展人际关系的起点。要教孩子做人，首先应从教孩子讲文明懂礼貌开始。

从孩子会说话开始，就要教会他“您好”“欢迎您”等基本的礼貌用语，告诉孩子见到长辈和老师要主动打招呼问好，教他对帮助自己的人说“谢谢”，做错事情主动跟他人说“对不起”。

文明礼貌是从日常生活中的小事体现出来的，也正是这些小事使人与人具有不同的素养。

建议二：教孩子学会诚信

鲁迅先生曾说，诚信为人之本。为了让孩子养成诚信的品德，爸爸应该从小对他进行有意识的培养。

爸爸不要轻易对孩子许诺，许下的诺言一定要实现。当孩子撒谎时，一定不能纵容，而要严肃地进行教育，要让孩子意识到诚信的重要性。多给孩子讲一些名人的诚信故事，鼓励孩子向他们学习。

建议三：教孩子学会宽容

宽容是做人的一种基本品德。教育孩子宽容，对于孩子个性发展和良好人际关系的形成都具有重要意义。

教导孩子宽容不仅要时常言传，更需要身教。平时爸爸在对待他人错误时不要斤斤计较，并且告诉孩子不要盯着别人的错误不放。

在平时的生活中，教育孩子多让着别人，但不要无原则地迁就。要求孩子多站在别人的角度看问题。

建议四：培养孩子的孝心

孝顺是一个人做人的基本品德，需要从小进行培养。

培养孩子的孝心应该从小抓起，从小事做起。平时教育孩子多关心忙碌的爸爸，体会爸爸的辛劳，同时爸爸自己要做孩子孝顺的榜样。

教会孩子学会感恩，同时爸爸应该多跟孩子谈论一下自己的生活，可以带着孩子体验一下自己一天的生活，让孩子了解爸爸的不易，养成孝顺的好品德。

建议五：教孩子学会节俭

勤俭节约是我们中华民族的传统美德，也是孩子养成其他品德的基础，是孩子学会做人的起点。

要教育孩子学会节俭，首先应该告诉孩子节俭的意义和粮食的来之不易。爸爸要以身作则，在平时的生活中保持节俭的生活习惯。

比如，教育孩子爱惜粮食，节约用水，从生活中的小事做起，不断地强化孩子节俭的意识和行为。

曼德拉之父培养孩子的善良之心

纳尔逊·罗利赫拉赫拉·曼德拉，南非首位黑人总统，被尊称为南非国父。黑人民族解放运动和民主运动的领袖，曾任非国大青年联盟全国书记，非国大主席。他组织并领导了“蔑视不公正法令运动”，赢得了黑人的尊敬。代表作品《走向自由之路不会平坦》《斗争就是生活》。

曼德拉1918年7月18日出生于南非特兰斯凯一个部落酋长家庭，他从小性格刚强，不服输。作为家中的长子，他被指定为酋长的继承人。但是他有自己的打算，他表示：“绝不愿意以一个酋长的身份统治一个受压迫的民族。”

自幼曼德拉就崇拜民族英雄，希望自己长大以后像他们一样。在他还是一个孩子的时候，有一天，他的小伙伴在放羊时弄丢了一只羊，由于弄丢的羊是白人养的羊，小伙伴家里很穷，担心还不起羊而害怕。

曼德拉知道后，为了让小伙伴免遭惩罚，就把自己家里的一只羊送给了小伙伴。小伙伴的问题解决了，但是曼德拉担心自己受到父亲的责骂。于是，他对父亲撒了谎，说自己放羊时不小心丢了一只羊。

父亲从曼德拉的眼神中知道儿子在撒谎，于是，父亲温和地对儿子说：“孩子，你知道诚实是一个人最宝贵的品质，我想让你告诉我真实的情况。”

看着父亲鼓励的眼神，曼德拉把事情的经过说了出来，讲完后，曼德拉没敢抬头，站在那里一动不动。他等待着父亲的惩罚，但是好像过了很长时间，都没有动静。于是，曼德拉抬起头来看向父亲。

没想到父亲居然微笑着看着他，微笑地对他说："孩子，你是一个好孩子。你做得很对，我们要帮助那些需要帮助的人，无论何时何地，只要我们可以帮助他们。"

父亲的表扬，让曼德拉很高兴。那天晚上，父亲又给他讲了很多黑人英雄的事迹，他们一心为别人的事情让曼德拉感动，父亲教育曼德拉向这些祖辈学习善良的品质。

曼德拉将父亲的教导铭记于心，他希望有一天自己也能和善良的祖辈一样，帮助更多的人。曼德拉不仅记住了父亲的教导，而且也做到了。此后多年，他领导的黑人解放运动，为苦难中的同胞带来了希望的曙光。

1964年6月，曼德拉被指控犯有"企图以暴力推翻政府"罪，被判无期徒刑。在监狱中经历了27年，在长达27年漫长的牢狱生涯中，他受尽迫害和折磨，但从未改变反对种族主义的信念，曼德拉始终坚持解放黑人的斗争。

尽管如此，曼德拉从未将折磨他的那些监狱管理人员看成是仇人，而是把他们看成和他一样受到压迫的人。他用他的理解与宽容的心胸，对待这一切人。

在监狱的27年中，曼德拉珍惜每一天的生命，用他的善良之心对待每一个人。当年曼德拉在监狱的看守布兰德曾动情地说："我想他有着坚强的毅力，这使得他的生命如此坚强。"

曼德拉走出监狱说的第一句话就是："当我走出囚室迈向通往自由的监狱大门时，我已经清楚，自己若不能把痛苦与怨恨留在身后，那么其实我仍在狱中。"

曼德拉用善良的心对待身边的每一个人，他在监狱中就有极高的威望，即使那些看守他的警察也对他的伟大人格充满着敬畏之情。

名人教子启迪

爸爸要想培养出一个身心健康的孩子，首先需要培养孩子的善良，因为善良的情感是人道精神的核心。

一个孩子假若没有善良，没有给予他人的真正发自肺腑的温暖与关爱，那么，他的聪明、勇敢、坚强、无所畏惧等品质越是卓越，将来对社会构成的危险就越可怕。

爸爸是孩子的老师，孩子的行为与思想深受家庭的影响。一个在友爱、互助的家庭里成长的孩子，通过耳闻目睹爸爸友善的语言、行为时，就会不知不觉地种下善良的种子，对家人温和亲爱，对外人也谦让有礼。

就像曼德拉的父亲，在知道儿子为了帮助小伙伴，偷偷把自己家的羊送给了小伙伴后，不仅没有批评他，反而赞扬他的善良，这样的做法是非常正确的。

爸爸应首先教育孩子热爱并尊重父母，因为孩子的善良之心正是从爱父母开始，扩大到爱老师、爱科学、爱他人、爱祖国。连自己的父母都不爱的人，是不可能去爱别人的。

爸爸对周围人应表现出真挚的同情，并帮助身边正遭受痛苦和不幸的人。爸爸还应以自己的善良感染和陶冶孩子，在孩子的心中撒播善良的种子。

对学校、社会经常举行的为希望工程、为身边不幸的同龄人献爱心的活动，爸爸应热忱支持孩子参加。

善良的种子在孩子很小的时候种上，才会生根发芽，与孩子一起茁壮成长。

专家给父亲的教子建议

建议一：为孩子提供友爱的成长环境

家庭是孩子成长的第一个环境，爸爸是孩子的第一任老师，这两个因素对孩子善良的形成有无可替代的重要作用。

爸爸是什么样的人，有什么样的行为，孩子往往也会成为一个那样的人，具备那样的行为。爸爸要想教给孩子善良，就要给孩子一个互助、友好的家庭环境，让孩子自然产生善良关爱的行为。

建议二：谨慎言行，以身教影响孩子

孩子就像一张白纸，爸爸可在上面画下美丽的景色，也可留下脏污的痕迹。

爸爸要想让孩子学会善良，首先要严格要求自己多有善良举动，孩子自然就会耳濡目染，模仿学习。同时，爸爸也要纠正自己的不良言行，避免给孩子造成不良的影响。

建议三：及时肯定孩子的善良行为

当孩子对别人表示出关心的问候或者善良的行动时，爸爸需要及时对孩子进行鼓励与肯定，以强化孩子善良的行为。

即使面对虚假的骗子，为了呵护孩子善良的天性，爸爸也要对孩子的善良行为本身进行鼓励。等孩子有了分辨能力的时候，自然会做出正确的选择。

建议四：让孩子学会同情、关爱弱小者

孩子只有学会站在别人的立场、角度去考虑问题，才会理解别人的想法与行为，才会对别人的痛苦感同身受，做出善良的举动。

对有些爱起哄、爱欺负弱小或者残疾人的孩子，爸爸要教育孩子学会设身处地考虑问题，有效控制和制止孩子的这些不良行为。

孔子教育孩子要谦虚

孔子，名丘，字仲尼，东周时期鲁国陬邑人。春秋末期的思想家和教育家，儒家思想的创始人。孔子修《诗》《书》，定《礼》《乐》，序《周易》，撰《春秋》。被后世统治者尊为孔圣人、至圣、至圣先师、万世师表，被联合国教科文组织评选为“世界十大文化名人”之首。

孔子是我国古代著名的思想家、教育家。他学识渊博，非常谦虚，从不自满。孔子的儿子名叫孔鲤，从小聪明过人。小小年纪就会读书、知礼仪，深得大家的喜爱。

众人的夸赞让孔鲤有些飘飘然，他渐渐滋长了骄傲自满的情绪。在人前表现得盛气凌人，不可一世。孔子发现了儿子的傲慢，没有直接批评儿子，因为他知道大声地斥责不会取得好的效果。

有一天，孔子带领孔鲤及几个弟子去鲁桓公太庙祭祀，一路上大家有说有笑。众人来到一尊神像前，看到在佛像的前边有一个倾斜着的青铜容器。

看到这个奇怪的造型，大家都议论纷纷。孔子问众人：“谁知道这个器是什么？”没有人能回答上来。孔鲤和孔子的学生们围绕着这个青铜器转了一圈，摸了又摸，还是不知道它是什么，全都摇头不语。

孔子见没有人告诉他结果，就转身问庙里的人：“请问，这是什么器具呀？”孔子的态度谦恭有礼，守庙人也恭敬地说：“夫子，这是放在座位右边的器具呀。”

孔鲤和孔子的学生还是不了解，孔子也没有告诉他们答案。他看了半天这个器具，对儿子说：“你去提桶水来。”孔鲤接了一桶水，孔子让他把水慢慢注入容器中，让大家观察容器的变化。

遵照父亲的吩咐，孔鲤将水慢慢倒入器里。当水加到一半，倾斜的容器就渐渐端正起来。孔鲤继续往里边注水，器具反而翻倒了，刚才的水反扣下来。

弟子们面面相觑，不知道是什么原因。孔子对他们说："你们再好好想一想，等我问你们的时候再回答。"

孔鲤也和孔子的弟子一样认真地思考，他想着刚才的每一步。过了一会儿，孔子问孔鲤："孩子，这个器具告诉人们什么道理啊？"孔鲤回答道："虚则欹，中则正，满则覆。"

孔鲤的回答准确而简洁，孔子会心地笑了。没有想到道理的弟子，听到孔鲤的回答也恍然大悟。

这时，孔子告诉儿子，这个器具名叫宥坐之欹器，原是放在天子的座旁，作为警诫用的。因为鲁国也是周公的封地，所以这个庙也同周天子的太庙一样设有宥坐之欹器。

儿子点头表示明白了，孔子说道："这个器具告诫人们，虚则欹，中则正，满则覆。天下没有骄傲自满却不失败的人！"

孔鲤听了父亲的话，自忖自己平日的行为，惭愧地低下了头。

从此以后，孔鲤改变了以往狂傲自负的个性，他不再骄傲自满了。像父亲一样谦虚做事，谦逊做人。

名人教子启迪

谦虚是一种做人的美德，也是一种良好的学习和工作态度。一个谦虚的人永远不认为自己是完美的，他总是能看到自己在学习和工作中的不足，并努力加以改正。

而一个骄傲的人永远只看到自己的长处，不能发现自己的不足，从而容易脚底踩空，跌个大跟头。

孩子还处于学习的阶段，一定不能让他滋生骄傲的心态，产生骄傲的行为，这将是孩子日后学习和生活的大敌。

孔子曾说，三人行，则必有我师。这表明了孔子的谦虚。而孔子在教育儿子的时候，也把谦虚作为教育的重点。

每个人都有自己的长处和短处，人与人之间应该互相学习，切忌因一时的成就而骄傲自满。爸爸应该培养孩子谦虚的态度和品德，让孩子时刻能发现自己的不足和他人的长处，努力向他人学习，这样才能使孩子不断进步，迅速成长起来。

要教育孩子养成谦虚谨慎的态度，最重要的是要教育孩子正确认识自己。每个人都有优势和劣势，不因自己的优势而骄傲，也不因自己的劣势而自卑。当孩子取得了好成绩时，可以适当表扬，不要过于夸耀，毕竟一次成绩并不能说明什么。

在平时的学习中，鼓励孩子向同学请教问题，形成不懂就问的习惯。有些孩子总认为向成绩比自己差的人请教是件丢人的事情，爸爸应该及时纠正孩子的这些认识。爸爸应该鼓励孩子向任一方面比自己强的人请教，而不以成绩论英雄。

培养孩子谦虚的态度是孩子能否取得长足发展的关键，只有一个倒空的脑子和心里才能盛下更多的知识。因此，爸爸应该从小事做起，努力培养孩子谦虚的学习和生活习惯。

专家给父亲的教子建议

建议一：教育孩子正确认识自己

孩子之所以骄傲，在于没有全面认识自己，只看到自己的长处，没看到自己的不足。

引导孩子全面认识自己的长处和不足。当孩子在某一科目上取得一些成就时，要适当提醒他注意自己的弱势科目。

爸爸不应该让孩子眼睛只盯着自己的长处，从而忽略自己的弱势，走向学习和生活的死胡同。

建议二：不过度夸耀自己的孩子

当孩子取得成就时，不要过度夸耀和赞美。

孩子的心是非常脆弱的，容易受到言语的暗示，从而认为自己非常了不起。爸爸也不要为孩子的成绩过于夸张地庆祝，平淡地看待孩子的成就，不影响孩子的正常心态。

建议三：鼓励孩子虚心向他人请教

虚心向他人请教才能使自己进步，也容易形成谦虚的习惯。

教育孩子虚心向他人请教，不要轻视某方面不如自己的人。

爸爸应该告诉孩子向成绩不如自己的同学请教问题不丢人，相反，只有这样，才能让自己取得更大的进步和发展空间。

建议四：教育孩子正确面对批评建议

正确地面对批评建议也是一门很深的学问，骄傲的人之所以骄傲，也在于不能听取别人的批评建议。

爸爸应该指出孩子的缺点和不足，并且教育孩子虚心听取别人的意见和建议。爸爸应该告诉孩子能为他指出缺点的同学和朋友才是真正值得信任的朋友，一个人只有虚心接受批评和建议才能进步。

司马迁之父培养孩子的责任感

司马迁，字子长，中国古代著名史学家、文学家和思想家。他创作了中国第一部纪传体通史《史记》。《史记》记载了从上古的黄帝时期，到汉武帝元狩元年，长达三千多年的历史。被鲁迅誉为“史家之绝唱，无韵之《离骚》”。

司马迁幼年在家乡过着清贫的生活，但是他家学渊博。他的父亲司马谈是一位杰出的学者，在汉武帝时期曾任太史令。

司马谈学识渊博，对诸子百家学说有深入系统的研究，在学术观点上兼容并包，对司马迁有重要的影响。

司马谈不仅对自己的事业兢兢业业，而且希望司马迁能够子承父业，继续从事他所钻研的事业。所以他非常注重对司马迁责任感的培养。

司马迁自幼聪明过人，不到10岁就能流利地背诵很多经典古文了，并且开始诵读文献，打下了坚实的古文基础。

司马迁像父亲一样，对历史方面的人、事非常感兴趣。父亲就为他准备了大量的历史书籍，供他学习，还为司马迁讲解历史故事。

为了让司马迁的知识更全面，司马谈就让儿子拜当时的大学者孔安国和董仲舒等人为师。司马迁家学渊源，又跟随名师学习，两位老师对他的启发，让他获益匪浅。

西汉时期由于经历了秦朝的“焚书坑儒”，前代的历史资料遭到很大的破坏。司马谈认为，民间有丰富的历史资料，因此，他劝儿子不必拘泥于书本知识，鼓励司马迁去民间调查、访问，以便搜集历史资料。

从20岁起，司马迁开始离开家到各地游历，考察历史和风土人情。古语云："父母在，不远游，游必有方。"这次他的游历范围仅限于长安附近。

父亲希望司马迁能够走得更远，去更大的地方游历。面对周围人的指责，司马谈积极为儿子辩护。

他不但为儿子指明了出行路线，还告诉儿子寻访的注意事项。

于是司马迁在22岁时，开始外出游历，这一次他的游历范围扩大了。"南游江、淮，上会稽，探禹穴，窥九疑，浮于沅、湘，北涉汶、泗，讲业齐、鲁之都，观孔子之遗风，乡射邹、峄，厄困鄱、薛、彭城，过梁楚以归"，几乎走遍了整个中国。

两次游历，开拓了司马迁的眼界，为司马迁积累了宝贵的历史资料，这与父亲的全力支持是分不开的。

司马谈一直想修一本囊括古今的史书，以让后人了解古代的文化和精神。但由于各种原因没有完成，他知道儿子具有完成史书的能力。

临终前他把儿子叫到身边，拉着他的手，殷切地说："我死后，你要做太史令，既然做太史令，就不要忘记我的著书立说的愿望。"

司马谈强打精神，对司马迁说："从孔子之后，四百余年了，诸侯争霸、相互兼并，写史书的事放弃了，以至灭绝。现在汉室兴盛，海内统一了，明主贤君，忠臣义士。可是作为太史令我却不能记载他们，荒废了天下的文章，我感到非常的害怕和不安，你要牢牢地记住啊！"

司马迁痛哭流涕对父亲说："我虽然不够聪明，但著书立言这件事，我一定不敢忘记。"

后来，司马迁因为李陵事件受到牵连，身受腐刑。但他没有忘记自己所背负的责任，顽强地活了下来。

司马迁用尽毕生精力，克服种种困难，以巨大的毅力于公元前91年完成了《史记》，开创了我国纪传体通史的新纪元。

名人教子启迪

责任感是做人的基础。爸爸要想孩子成为一个健康正直的人，就应当教育他对自己负责，对他人负责，对家庭负责，对社会负责。

人自身的发展、人与人的交往、人对社会的贡献，都来自明确的并且认真履行的责任。人的道德自律、遵纪守法也靠着责任感为前提。

责任感也是成材的基础。进取精神、科学态度、创新能力是优秀人才的可贵品质，但是离开了责任心，这些都会成为“无源之水，无本之木”。任何聪明才智，只有建立在强烈的责任心的基础上，才可能迸发出耀眼的火花。

一个人的责任感体现在对国家、对集体、对家庭、对朋友、对个人的许多方面，因而对孩子责任感的培养也应随时随地、全方位地进行。

在家庭环境中，爸爸要设法让孩子懂得爸爸养育孩子的艰辛和对他的爱，使孩子逐渐认识到作为子女对爸爸所肩负的尊重、爱戴、赡养的责任。

在集体生活中，让孩子们懂得，集体的荣誉要靠大家来维护，集体的财物、卫生设施，每一个都在享用，因而每个人也就都有爱护、珍惜公共设施与环境的责任。

在社会生活中，让孩子懂得，每个人的存在都离不开农民的汗水、工人的技术、军人的奉献、老师的培育。让孩子将来担负起报效祖国和人民的责任，用自己的聪明才智去促进社会的进步发展。

在现实生活中，常常会看到几个大人围着一个孩子忙碌的情景。有时，孩子要主动做些什么时，大人也会拒绝。

殊不知，如此环境下成长起来的孩子，不但缺乏必要的责任感，就连那些大人们渴望看到的高分、金榜也未必能实现。

因为在孩子的意识里，学习是在为大人们争光、争气，应该受到大人们的伺候和赞扬。而把作为学生的责任忘得一干二净，哪来的上进心与求知欲呢？

责任感的培养是孩子健全人格必不可少的一部分，司马谈重视对儿子的责任感培养，才使得司马迁在以后能够勇于承担自己的责任，完成《史记》。

对于现代孩子来说，责任感的培养有助于孩子摆脱以自我为中心，养成自制、自理能力；有助于孩子理解、体谅别人，养成合群的好习惯；还有助于孩子关心、疼爱别人。而没有责任感的孩子往往以自我为中心，对别人的反应不闻不问，我行我素。

因此，爸爸应当从小培养孩子的责任心，避免宠爱、娇惯孩子而使孩子骄傲、任性、自私，缺乏责任感。

专家给父亲的教子建议

建议一：启发孩子对责任的认识

责任的确定是以人的认识能力为基础的。一个人如果能清醒地意识到自己的行为及其后果，就有承担自己行为及其后果的责任。

爸爸要通过小事让孩子学会对自己的行为负责任，学会承担自己行为的后果，通过孩子的切身体会启发孩子对责任的认识。

建议二：巧用“示弱”培育孩子的责任心

培养孩子的责任心要从点点滴滴的小事抓起。许多爸爸忘记了孩子的责任心是在生活中一点一滴地培养、形成的。

爸爸平时事无巨细都为孩子安排好，却希望孩子能在某一天突然变得有责任心，这是不可能的。

要教育孩子有责任心，爸爸不妨“示弱”，从日常生活的小事开始，给孩子更多的机会，让孩子通过自己的劳动，直接看到负责的行为所得到的回报。唯有坚持如此，责任心才能渐渐树立起来。

建议三：不要包揽孩子应该承担的责任

让孩子自己承担过失的责任，看起来似乎有点儿“残酷”和不近人情，其实这才是爸爸深沉的爱。

一般来说，当孩子有了过失的时候，恰好是爸爸教育孩子的最好时机。不论孩子有什么过失，只要他有一定的能力，就应该让他承担责任，而不是由爸爸大包大揽。

建议四：让孩子对自己行为的后果负责

爸爸要知道，孩子的事是他自己的事，他能承担多少，就让他承担多少，绝不能代孩子受过，因为这样只会助长孩子不负责任的心理。

爸爸要引导孩子对自己行为的后果负责，从生活中培养孩子对行为后果负责的习惯。如孩子打哭了同学，让他自己去道歉；孩子损坏了学校的公物，让他用自己的零花钱去赔偿；孩子弄脏了家里的地面，让他自己清扫等。

郑板桥教育孩子要节俭

郑板桥，名燮，字克柔，号理庵，又号板桥，人称板桥先生。书画家、文学家，江苏兴化人，“扬州八怪”之一，擅长画花卉木石，尤其擅长兰竹。诗书画均旷世独立，人称三绝。康熙秀才、雍正举人、乾隆元年进士。著有《板桥全集》，代表画作为《兰竹图》。

郑板桥52岁时才有了一个儿子，起名叫小宝。老来得子，他对儿子自然是十分喜爱。但他却严格教育孩子，从不溺爱儿子。所以小宝的童年并不像其他的公子哥一样，生活在金钱和宠溺中。

由于郑板桥被派到山东潍县去做知县，无法将儿子带在身边。为了避免儿子像当时富贵人家子弟一样被宠得不像样子，他不断写信给弟弟要他严加管教，不能娇生惯养儿子。

儿子有时对别的孩子炫耀父亲在外边当大官，还欺侮佣人家的孩子。郑板桥听说后，非常痛心，他立即给弟弟写信，让他严格教育儿子做一个明白事理的好人。为此，还专门写了一封信：

余五十二岁始得一子，岂有不爱之理？然爱之必以其道，虽嬉戏玩耍，任令忠厚悱恻，毋令刻急也。

我不在家，儿子便是你管束。要须长其忠厚之情，驱其残忍之情，不得以为犹子而姑纵惜也。

家人儿女，总是天地间一般人，当一般爱惜，不可使吾儿凌虐他。凡鱼飧果饼，宜均分散给，大家欢嬉跳跃。

若吾儿坐食好物，令家人子远立而望，不得一沾唇齿，其父母见而怜之，无可奈何，呼之使去，岂非割心剜肉乎？

夫读书中举中进士做官，此是小事，第一要明理做个好人。可将此书读与郭嫂、饶嫂听，使二妇人知爱子之道在此不在彼也。

来信内容词真意切，“读书中举中进士做官，此是小事，第一要明理做个好人”表达了郑板桥对儿子的殷切期望。

儿子长到6岁，郑板桥就把他带在身边，并亲自教他读书、背诵文章。为了让儿子了解生活的艰辛，他除了给儿子讲故事外，还让儿子参加劳动。

儿子12岁时，郑板桥又让儿子用小桶挑水，无论天热天冷都要挑满，不能间断。在父亲的言传身教下，儿子懂得了生活的艰辛和父亲的良苦用心。

郑板桥经常对儿子说：“老百姓是我们的衣食父母，粮食来之不易。你一定要节俭，不能浪费。”他还带儿子到田地里、到作坊里去，让儿子体会生活的来之不易。

有一年潍县闹灾荒，一向清贫的郑板桥家没有多余的存粮。有一天，小宝饿极了，哭着向母亲要东西吃。母亲把郑板桥中午省下的窝头塞在儿子手里。小宝拿着窝头跑到门外，打算找一个地方吃。

小宝看到一个也小女孩用饥饿的眼光盯着他，他想起父亲平日的教导，就把手中的窝头分了一半给小女孩。

郑板桥爱孩子，但不娇惯孩子，他教给儿子最朴素的道理——节俭。

名人教子启迪

和郑板桥教子不同，现在不少爸爸以为，爱孩子就要给孩子提供尽量好的物质条件。但为孩子提供过多的物质享受，使得孩子不懂得珍惜和节约，浪费、攀比等现象比比皆是。

成由勤俭败由奢，节俭是中华民族的传统美德。爸爸要让孩子懂得，金钱并不是衡量生活的标准，在制定合理的购物基础上，要继承勤俭节约、艰苦朴素的美德。

节俭难于培养和保持，但是它却能给生活带来无尽的乐趣。这对于孩子的健康成长也是不可或缺的品德教育。

很多孩子自以为家庭条件好，就随意浪费，不懂得爱惜财物。其实，让孩子学会节俭对于孩子的健康成长影响极大。

节俭可以使孩子集中精力地投入学习，不去和别人攀比。同时，节俭也可以培养孩子坚强的意志和战胜困难的不屈不挠的精神，是人生的巨大财富。

此外，节俭有助于孩子理解别人的困难，培养对他人的爱心，有利于健康人格的形成。爱惜财物，学会节俭是孩子成长道路上不可缺少的财富。

所以，爸爸要重视孩子节俭意识的培养，让孩子养成节俭的好品质。

专家给父亲的教子建议

建议一：让孩子懂得节俭的意义

爸爸要用节俭的故事教育孩子，让孩子知道节俭是美德，也是生活的必需。首先要让孩子知道钱来得不容易，是爸爸辛辛苦苦靠劳动挣来的，教育孩子珍惜爸爸的劳动成果，自觉地养成勤俭节约的好习惯。

节俭不仅是一种美德，更是一种不可或缺的理财品质。教育孩子从小养成节俭的生活习惯会让孩子受用终生。

建议二：营造节俭的家庭生活氛围

爸爸是孩子的第一任老师。言传不如身教，在日常生活中，爸爸要以自己的节俭行为影响孩子，用自己艰苦朴素的作风感染孩子。

当爸爸要求孩子应该怎么做或不能做什么时，要先想想自己的行为是不是能影响到孩子，要想让孩子做到节俭，爸爸必须首先得做到节俭。

爸爸的行为和思想对孩子有潜移默化的作用，所以爸爸本身就要拥有健康的理财观念，自己做到节俭，然后再向孩子亲身示范，才有好的教育效果。

比如爸爸可以节约用水，爱惜家庭物品，不随便遗弃东西，要求孩子用完水后关好水龙头等。只有在这样的家庭生活氛围内，孩子才能自觉地爱惜财物，学会节俭。

建议三：让孩子正确认识名牌崇拜

很多孩子不考虑家庭条件也不考虑自己的学生身份，只是一味地追逐名牌。孩子追求名牌只是表象，实质在于孩子的消费观念不恰当。

孩子认为，名牌能满足自己的虚荣心。爸爸要让孩子知道正确对待名牌，转变不正确的价值观念。

名牌一般价格比较昂贵，崇拜名牌会滋生孩子浪费的习惯。爸爸要在生活中让孩子正确地认识名牌崇拜。不盲目追求名牌，养成节俭的好习惯。

建议四：教育孩子珍惜物品，杜绝浪费

现在市场上孩子的东西五花八门，孩子自制力差，很容易买些不实用的东西，或是在不需要的时候买文具等。

同时，孩子不珍惜物品的现象也很普遍，一般过了新鲜劲就会把东西扔掉。爸爸要教育孩子爱惜书本、文具、学校财物，节约一张纸、一支铅笔、一块橡皮。要让孩子在真正需要的时候买新东西，这样就能让孩子爱惜财物，学会节俭了。

很难想象一个挥金如土、不爱惜财物的孩子将来在社会上怎么成为栋梁之才。所以，爸爸在孩子小的时候就要在实际生活中教育孩子珍惜物品，杜绝浪费。帮助孩子树立正确的金钱观，为以后的人生发展做好准备。

巴甫洛夫之父培养孩子吃苦耐劳的品质

巴甫洛夫·伊凡·彼德罗维奇，俄国生理学家、心理学家、高级神经活动学说的创始人，高级神经活动生理学的奠基人。他提出了条件反射等学说，开辟了高级神经活动生理学的研究。1904年获得诺贝尔生理学和医学奖。代表作品有《消化腺机能讲义》《大脑两半球机能讲义》。

巴甫洛夫于1849年9月26日，出生在俄国中部小城略桑。他的父亲是位乡村牧师，收入微薄，母亲是一位牧师的女儿，在富人家做女佣。巴甫洛夫是家中的长子，自幼养成认真负责的个性。

由于生活困难，巴甫洛夫常常跟着父亲去地里干活，帮了父亲很大的忙。父亲教给巴甫洛夫种菜、除草、翻地等劳动技巧，巴甫洛夫总是认真地听父亲讲解，一有空就在田地里按父亲说的做农活。

父亲除了种地，还有其他的工作，经常忙得焦头烂额。但父亲干起活来很有毅力，从不说累。更重要的是父亲喜欢读书，而且范围广泛，不局限于宗教神学书籍。受父亲的影响，巴甫洛夫养成了吃苦耐劳的品质。

父亲有一堆旧书，除了宗教神学的书外，还有各种自然科学著作和一些其他类型的刊物。巴甫洛夫的父亲经常要求巴甫洛夫坚持读书，对于巴甫洛夫来说，父亲的那些旧书是他接触了解自然与社会知识的起点。

巴甫洛夫曾动情地说："我总是感激我的父亲，是他给了我一双勤劳的手，他教会我过简朴的生活，让我有可能受到高等教育。"

巴甫洛夫15岁的一天，在父亲的旧书中找到了一本书，名字叫《日常生活的生理学》，是英国生理学家路易斯的著作。巴甫洛夫被书中的内容深深吸引住了，这本书是巴甫洛夫打开探索生理学之门的钥匙。

1870 年，在教会学校学习了 5 年的巴甫洛夫成绩名列前茅，再过一年就能毕业当教士了，这也正是父亲的期望。

但是，巴甫洛夫对神学毫无兴趣，不愿意走父亲的老路。他喜欢的是生物学，于是，他瞒着父亲考入了圣彼得堡大学数理系的生物科学部。

有一天，巴甫洛夫向父亲表明自己的意愿，他要放弃学习神学，要去学生理学。父亲没有斥责他，也没有反对他的选择。

相反，父亲尊重儿子的兴趣，他还对儿子提出了建议："我觉得你可以在教会学校毕业之后再转学生理学。"巴甫洛夫坦诚地说："父亲，我不能再浪费我的时间了，我有很多事情需要了解。"

父亲知道儿子的个性，从他的回答里听到了他的决心。于是就故意问他："孩子，你急需知道些什么呢？"巴甫洛夫回答父亲说："我特别想知道的是人体的构造是怎样的。"

"孩子，你是不是想当医生？"父亲继续问巴甫洛夫。巴甫洛夫摇摇头说："不是想当医生。"父亲疑惑了："那你为什么想要知道人体的构造？"

巴甫洛夫答道："我急切地想知道人体的构造是为了帮助别人，是为了使人类变得更健康、更聪明、更幸福。"

得知儿子远大的理想后，父亲知道那是一条十分艰辛的路，关切地问："孩子，你很有胆量和勇气。你有信心实现你的理想吗？"巴甫洛夫迎着父亲的目光坚定地说："父亲，我已经下定决心了，我会刻苦学习的。"

父亲明白巴甫洛夫的决定是经过仔细考虑的，于是对巴甫洛夫的选择表示尊重。满怀着梦想的巴甫洛夫在圣彼得堡大学学习十分刻苦，全身心地投入到学习研究中。大学三年级时，在生理学教授的指导下，开始从事对血液循环影响的研究。

1875 年，他的毕业论文被学校授予金质奖章。后来他潜心研究，1904 年他荣获了诺贝尔生理学和医学奖，成为世界上最伟大的生理学家之一。

名人教子启迪

吃苦耐劳是每一个获得成功的人必须具备的优秀品质，在通往成功的道路上荆棘满地，困难重重，挑战不断，只有能吃得苦中苦才能成为人上人。

“天将降大任于斯人也，必先苦其心志，劳其筋骨，饿其体肤，空乏其身，行拂乱其所为，所以动心忍性增益其所不能。”

吃苦耐劳不仅是成功必备的精神，也是锻炼孩子优良品质的重要方式，孩子能从苦难中使自己更坚强，让自己变得更优秀，离成功越来越近，最终走向成功。

随着社会物质水平的提高，许多家庭又只有一个孩子，爸爸一心想让孩子尽量少吃点苦。孩子从小受尽家人的宠爱，要什么就给什么，根本不需要为此付出任何代价。

爸爸这样做的结果，不仅使孩子不知一粥一饭来之不易，更难以培养孩子生活的自理能力，将来也难以自立于社会。作为爸爸必须意识到今天的天堂，难遮明日的风雨。爸爸不能管孩子一辈子，孩子必须从小学会吃苦耐劳。

培养孩子吃苦耐劳的习惯，爸爸要尽早让孩子知道，如果想要享受真正的人生，享受真正的生活，每个人都必须有面对生活中任何艰难困苦的心理准备。

巴甫洛夫的父亲让儿子参加劳动，通过劳动，让巴甫洛夫找到自己存在的价值和生活的乐趣，创造出美好的生活。

爸爸应该告诉孩子劳动是成功的本源，而不是让孩子轻易得到自己想要的东西。因为美好的东西如果轻易得到，孩子就会毫不在意，只有让他亲自付出相应的劳动和汗水，才能懂得珍惜、爱护这些得来不易的东西。

翻开那些成功人士的传记，就可以发现那些优秀的人物，无一不是在苦难中，在贫困的推动下，勤奋劳作，而最终能在千万人之中脱颖而出。

现在生长在城市里的孩子就像温室里的花草一样，很少经历风吹雨打，孩子不懂世上还有“艰辛”二字。他不知道爱惜粮食和敬重土地，孩子已经丧失了把劳动作为美德的最朴素的理解。

爸爸要让孩子体会到这种艰难，培养起对劳动的兴趣，有意识给孩子这样的机会，让他亲自去体验，只有自己体验的东西，才能形成深刻的感知。

专家给父亲的教子建议

建议一：爸爸要做吃苦耐劳的好榜样

要培养孩子吃苦耐劳的习惯，爸爸必须做出良好的榜样。在平时的生活中，爸爸不应该向孩子抱怨工作的艰辛，而应该用平和而客观的语气向孩子讲述自己工作时的情况，让孩子了解爸爸的工作和辛苦。

在行为上，爸爸不应该遇到困难就放弃，而应该勇敢地面对，让孩子从爸爸的行为上体会到吃苦耐劳的益处。

建议二：培养孩子热爱劳动的习惯

只有劳动创造美好的生活。爸爸应该鼓励孩子从事一些力所能及的劳动。

例如，当孩子四五岁时，爸爸可以教他整理自己的衣服和房间，上小学以后可以鼓励他做饭、洗衣服等。

爸爸可以对孩子的劳动给予一定的奖励或者付给他一定的费用，例如帮助妈妈打扫家里的卫生，可以奖励1元等。

建议三：鼓励孩子面对困难再坚持

孩子在学习和生活中遇到困难，爸爸不应该顺应他想偷懒取巧的心理，而应该鼓励他坚持。

例如孩子学习语文或者数学一遇到难题，便不再思考，而一心只想听着老师讲解，爸爸就应该告诉孩子，即使最终想不出答案，也应该努力去想，这样老师讲解的时候才能真正明白，下次遇到这类题都不会害怕了。

建议四：培养孩子俭朴的生活作风

爸爸应该培养孩子俭朴的生活作风，难以想象一个生活奢侈的人能够拥有吃苦耐劳的习惯。不管家里条件多么优越，爸爸都应该让孩子养成不浪费、节俭的生活习惯。

例如不允许孩子吃东西吃到一半就丢掉，不允许孩子浪费粮食，不允许孩子与同学比吃比穿比名牌等，不允许孩子进行高消费等。

梁启超培养孩子的爱国之心

梁启超，字卓如，号任公，又号饮冰子、哀时客。中国著名的政治活动家、启蒙思想家、资产阶级宣传家、教育家、史学家和文学家。戊戌变法的领袖之一。曾创办报纸，其文风犀利，被称为“舆论界之骄子”。代表作品：《中国近三百年学术史》《中国历史研究法》等。

梁启超是中国近代维新派代表人物，参与了中国从旧社会向现代社会变革。出生于广东新会的一个地主家庭。幼年时从师学习，“八岁学为文，九岁能缀千言”。像自己的父亲一样，梁启超也非常重视对子女的家庭教育。

梁启超有9个子女，其中大儿子梁思成是我国著名建筑学家，梁思永是考古学家，梁思礼是火箭控制系统专家，其他子女也成就非凡。

这得益于梁启超的教育，他不仅重视孩子的知识积累，更重视他们的品格培养，尤其是爱国主义的培养。

梁启超是一个激情四射的人，在孩子们年龄还小的时候，就经常给他们讲一些英雄的爱国事迹。讲到动情时，梁启超会痛哭流涕，受父亲的感染，孩子们也会流泪，这些故事在孩子们的心中留下了很深的印象。

1901年，大儿子梁思成出生在日本。为了让儿子记住自己的祖国，梁启超严格要求儿子学好中文。

他自己亲自教儿子中国的文化，从诗词歌赋到历史变迁，都详尽地对儿子讲解。为了检验儿子的学习成果，他还对儿子进行严格的考试。

除此以外，梁启超还把国内朋友寄来的信和报刊读给儿子听，让儿子知道国内发生的事。思成听不明白的地方，他就耐心讲解。在父亲的教育下，梁思成从小就立志帮助祖国走出水深火热。

梁思成 12 岁时回到中国，他希望投身到革命中去。了解儿子性格的梁启超告诉儿子，并不是只有革命才是报效祖国，他建议思成从事科学研究。

梁思成听从了父亲的话，于是前往美国宾夕法尼亚大学学习建筑。他希望为中国的建筑事业做出自己的贡献。

在梁思成留学的日子里，梁启超不管自己的身体条件如何糟糕，都不忘给儿子写信。他的每封信里都会向儿子提到国内的形势，鼓励儿子专心学习，不要忘记祖国。

梁启超给孩子的信中没有强硬的说教，而是充满了一个父亲的关爱。1927 年他给思成的信说："思成所学太专门了，我愿意你趁毕业后一两年，分出点光阴多学些常识，尤其是文学或人文科学中之某部门，稍微多用点工夫。"

在梁启超身上体现着国家兴亡、匹夫有责的责任感，这种责任感也潜移默化地影响着他的子女。

他的第二个儿子梁思永，在美国哈佛大学学习考古学和人类学，学成后毅然回国，在极其艰苦的条件下从事考古工作。多次主持考古工作，并首先确定仰韶、龙山和商文化的相对年代，为我国的考古学做出了重要的贡献。

他的第五个儿子梁思礼也在美国留过学，还获得了博士学位。面对美国的优厚条件，他毅然回到需要他的祖国，投身当时一穷二白的航天事业。

五子梁思礼曾谈道："有人曾问我：'你从父亲那里继承下来的最宝贵的东西是什么？'我回答：'爱国！'"

梁启超的九个子女中，有七个先后赴海外留学。每个人都学业优秀，但没有一个留在国外，都学成回国。

名人教子启迪

孩子的爱国主义教育是有层次的。爸爸要想培养孩子的爱国情感，首先就要从培养孩子爱自己的城市，爱自己的家乡和省会开始。

培养孩子的本土意识，要由远及近，从具体形象的情感熏陶，到思想认识再到道德情操。逐渐增加孩子对国情的了解，并加强对孩子进行爱国精神的教育，使他们热爱和崇敬爱国英雄人物。要注意孩子的年龄特点，分步来给孩子进行爱国主义教育。

孩子作为祖国事业的接班人，对他的爱国教育非常重要。让孩子明白祖国的历史，知道我国有哪些辉煌与屈辱。

为了让孩子以后能承担起大任，不做对不起国家和人民的叛逆之事，不做危害国家荣誉的事，就要从小培养出孩子的爱国情感，梁启超就做到了这一点。

爸爸多半认为爱国主义教育是学校的任务，跟家庭没有多大关系。这种想法是非常不妥的，如果家庭不积极配合，学校的爱国主义教育也起不到很好的效果。

老师在学校里跟孩子说国家的利益是最重要的，爸爸却说自己的利益是最重要的。当两种利益出现冲突时，孩子就容易做出错误的抉择。

爸爸在抓好孩子学习的同时，也要抓好对孩子的爱国主义教育。如果孩子对自己的祖国和家乡没有一点儿情感，不爱自己的故土，不爱自己的父老乡亲，也对国家没有情感。

那么这样的一个孩子，是不能与社会和时代的发展合拍的，也不会得到广大群众的真心拥护和喜爱，还很可能在受到诱惑时做出危害国家的事情来。

专家给父亲的教子建议

建议一：培养孩子对祖国的自豪感

爱国心是受到全世界人尊重的情感，而一个没有爱国心的人，则会受到更多人的蔑视。祖国的悠久历史和曾经取得的辉煌成绩，都可以用来培养孩子对祖国的自豪感。

只要祖国取得了令世人瞩目的成绩时，爸爸都要鼓励孩子去关注，这些举措都能够激发孩子的民族自豪感。

建议二：告诉孩子祖国的历史

每个民族都会有自己的历史，其中会有辉煌也会有颓败。爸爸不仅要让孩子了解到祖国历史中的辉煌，也要让孩子能够了解到那些苦难落后的时期。

全面地了解才能够让孩子更客观地认识自己的国家，从而建立起更牢固的爱国情感。

建议三：培养孩子爱家乡的情感

爱国主义的培养，也可以从孩子身边做起。

其实培养孩子对故土的热爱，也是在培养孩子的爱国情感。爸爸自己先要以身作则，爱自己的家乡，然后再引导自己的孩子去发现家乡的美，培养孩子对家乡的良好感情。

建议四：多给孩子讲名人的爱国故事

孩子在小的时候都会很喜欢听故事，爸爸要培养孩子的爱国情感，就可以利用这些名人故事来教育孩子。让孩子在听故事的同时，还可以培育出爱国情感。

爱国情感能够让一个人更有归属感，更加热爱祖国，从而不做出有损于国家民族利益的事情。

建议五：让孩子多参加爱国实践活动

爱国实践活动的内容是很宽泛的，对于抗灾救灾、扶危济困、希望工程、保护环境等事情的支持都体现出爱国情感。

爸爸要多给予孩子鼓励和支持，让孩子积极地投身到爱国主义实践活动中去。在活动中培养出孩子对劳动人民的热爱，对祖国大好河山的热爱。

司马光之父教孩子做一个诚实的人

司马光，字君实，号迂夫，晚号迂叟，世称涑水先生，谥文正。北宋政治家、文学家、史学家。主持编纂了中国历史上第一部编年体通史《资治通鉴》，为人温良谦恭、刚正不阿，为世人景仰。主要作品有《资治通鉴》《温国文正司马公文集》《稽古录》《涑水记闻》《潜虚》等。

司马光生于北宋天禧三年，他的父亲司马池是一个清正廉洁的官吏。司马池早年丧父，有家产数十万。他将全部的家产让给伯父、叔叔，自己则奋力读书。

司马池对司马光要求严格，从小就严格教育他。司马光小时候很讨人喜欢，众人的夸奖让他觉得自己很了不起。司马池的院子里长了几棵核桃树，司马光 6 岁那年秋天，和哥哥摘了一些核桃。

他们找了一个地方，想把核桃砸开吃，但是司马光敲了半天也没有去掉核桃的皮。这个时候，一个送开水的侍女路过，看到司马光费劲的样子，就走过来交给他一个简单的方法。把核桃放在碗里用开水泡，然后用力搓，核桃的皮就掉了。

学会剥皮后的司马光很高兴，哥哥见到后，问他是谁教他去核桃皮的方法的。司马光撒谎说：“是我自己想出来的。”

凑巧的是，父亲司马池从外边回来，听到了兄弟俩的谈话。他又询问了几句，就知道司马光在撒谎。

早就看出司马光飘飘然的司马池觉得不能不管了，他严厉地问司马光：

“我问你，这个方法是你自己想出来的吗？”司马光在父亲的逼问下，承认了自己撒谎。

司马池说：“你这么小，怎么能撒谎骗人呢？”认识到自己错误的司马光低声说道：“我错了，以后再也不撒谎了。”

看到聪明伶俐的儿子认错了，司马池怜爱地说道：“做人最重要的是诚实，一个人如果不诚实，别人就不会相信你。失信于人，就不会有威信，让人家看不起，也就什么事都干不成了。”听了父亲的教诲，司马光点头承认错误，并且向父亲保证以后一定不再说谎。

父亲告诉司马光，一个人聪明是好事，但是要诚实，不能说谎。说谎既会害自己，还会害别人。

在司马池的教育下，司马光不但成为一个诚实的人，而且他用功读书。最终成为一个品德高尚、学识渊博的人。

司马光20岁考中进士，经历了四朝，官至宰相。还主持编写了我国的第一部编年体通史《资治通鉴》。

诚实的品质伴随了司马光一生，他年老的时候，有一次，让家里人把一批得病的马拉到集上卖掉。临走时，他嘱咐家人说：“这匹马有病，到了夏天就干不了什么活。如果有人买它，你一定要老老实实地告诉人家。”

父亲的教导让司马光一生受益。

名人教子启迪

诚实守信是中华民族的传统美德，是一个人处世立身之本，所谓古代的“言行有信”“言必行，行必果”“一诺千金”和现代经济社会中的“童叟无欺”，讲的都是做人要诚实守信的道理。

爸爸教育孩子要有诚实守信的品德，同时也使他拥有了一颗高尚的心。孩子将来要在社会上立足，就必须具有诚实守信的美德，它会成为伴随孩子一生的财富。

如果一个人不讲诚信，总是弄虚作假，欺上瞒下，是会遭人唾弃的，因为诚信是一种社会公德，是做人最起码的要求。孩子要立志，要成就一番事业，首先要具备诚实守信的美德。

诚信是金。在我国古代，古人更是把诚实守信看得比金子还重要。

从司马池教子的故事中，我们可以看出，古人对培养孩子的诚实品德是如此重视，现在的孩子就更加需要这种教育。

爸爸教孩子诚实，一旦自己对孩子的承诺，即使是为了某种目的而做出的，也仍然需要兑现，否则孩子会对爸爸失去信任，并会模仿爸爸的行为去骗人，最终爸爸的教育会是失败的教育，孩子的人生也会受到影响。

专家给父亲的教子建议

建议一：满足孩子的合理需求

孩子向爸爸提出自己的需求和愿望时，也考虑过是否能够得到爸爸的同意。如果爸爸不能满足孩子的合理需求和愿望，一定要向他说出原因。如果孩子的合理需求和愿望一直遭到拒绝，孩子就会想法去获取满足。

爸爸不要小看孩子的第一次撒谎，哪怕是为了一个很小的事情撒的谎，也要引起足够的重视，孩子撒谎并不只是孩子的原因，从某些方面也透射出爸爸的教育出了问题。

建议二：爸爸要正确对待孩子的过错

孩子因其自制力弱，或因其年幼无知，或其他偶然的原因，出现错误在所难免。如果孩子犯了错，爸爸一定要冷静对待，千万不要大发雷霆，拳头和棍棒交加。

爸爸应本着爱护的原则，态度温和地鼓励孩子承认错误，并帮助孩子分析错误的根源，改正错误。这样，孩子会更信赖和亲近爸爸，并敢于在爸爸面前说真话。

可见，因爸爸不得法的教育，使本来诚实的孩子也会变得喜欢说谎。

建议三：爸爸要为孩子树立诚实的典型

孩子一直把爸爸当成模仿的对象，爸爸的言行对孩子一直起着潜移默化的作用。

如果爸爸能将自己拾到的东西，及时归公或交给丢失东西的人，那么这无疑使孩子受到了一次拾金不昧的品德教育；如果爸爸经常用一些谎话骗孩子，这无疑又是在告诉他说谎并不是一件什么不好的事，人是可以撒谎的。由此可见，爸爸的言行对孩子来说是多么的重要了。

建议四：与孩子建立相互信任的关系

爸爸在孩子面前一定要做到言而有信。如果爸爸在孩子哭闹时用许诺来哄孩子："别哭了，回头爸爸给你买个汽车玩具。"

爸爸在说这话时，并没有想到一定要去兑现承诺。但在孩子心里，这个承诺是必须得到兑现的，如果不能及时兑现，孩子就会慢慢地对爸爸失去信任，他自己慢慢地也会学着说谎。

建议五：及时纠正孩子的不诚实行为

除了受爸爸的影响外，孩子还受周围人群的影响，如果在他的周围有人说谎，他同样也会很快学会说谎。

对于孩子的不诚信行为，爸爸一定要做到及时地纠正。爸爸要对孩子的撒谎行为做到"防微杜渐"。

如果爸爸不能及时纠正孩子的不诚信行为，久而久之，他就会骗取所有人的信任，最终有可能走上犯罪的道路，会害了孩子的一生。

第五章

塑造并强化孩子的良好行为

李晟培养孩子孝敬老人的行为

李晟，字良器，唐朝名将，与郭子仪、李光弼齐名。勇烈有才，善骑射。初为边镇裨将，因战功升至右神策军都将。因平朱泚之乱，被封为西平郡王，绰号“万人敌”。文天祥颂李晟“李公文武孰能传，勋业声华遍九州。一片忠心照日月，万方民社奠春秋”。

李晟是唐朝德宗时期一员著名的大将，战场上英勇无比。在家中却是一位孝敬老人的好儿子，孩子们的好父亲。

身为武将，李晟从没有忽视对子女的教育。“百善孝为先”，李晟严格教导自己的孩子要孝顺老人。

有一次，女儿陪李晟出门。看见一个全身上下脏兮兮的老人跪在地上乞讨。李晟父女经过时，老人拉了拉女儿的裙角，女儿厌恶地抽回衣服，恶狠狠地冲老人叫骂了一句。

老人急忙缩回手，李晟俯身扶起老人，并从身上掏出一些银子给了她。老人难以置信，连忙弯腰答谢。身为一员武将，驰骋疆场，能有这种慈悲的行为，他引得在场老百姓的同声称赞。

回家的路上，李晟严厉地对女儿说：“她虽然是一位乞讨的老人家，可她也是一位母亲。本应该有子女在家中好好陪伴伺候着，但是为生活所迫才出来乞讨，对待老人你应该有一颗慈悲的心啊！你不但没有怜悯她，反而恶言相向，真实太不像话了！”

女儿从来没有听过父亲对自己说过重话，今天为了一个不相识的乞讨的人，竟然被父亲训斥了，她感到很委屈。

回到家后，女儿找母亲哭诉。母亲听完事情的缘由后，对女儿说："你父亲非常孝敬老人，咱们家就不用说了。就是别人家的老人，他也把他们看成是自己的父母一样尊敬。这是很可贵的品德，你应该好好听父亲的教诲才对啊。"

女儿后来好好想了想，觉得自己今天的行为有失体面。于是她主动找到父亲，向父亲认错道歉。李晟接受了女儿的道歉。

后来，女儿长大嫁给吏部尚书崔枢为妻，对公公婆婆也很孝顺。

一天，李晟做寿，在家中举办宴会。女儿从婆家赶来为父亲祝寿，一家人其乐融融。席间，李晟看见一个丫鬟急匆匆走过来，对女儿身旁耳语了几句。女儿听后没有反应，依然与客人们谈笑自若。

丫鬟又催了好几遍，女儿才起身离开。过了一会儿，女儿又回到了宴席上。李晟觉得这里面一定有什么事，就把女儿叫过来询问。

女儿知道父亲一向重视老人，就笑着说了一些无关紧要的事。李晟非常了解女儿，知道她在说谎。

在李晟的一再追问下，女儿道出了实情。原来她的婆婆生病了，需要人照顾。但是她现在抽不开身，就派人回家代替她照看婆婆。

李晟听后大怒，责骂女儿："你的婆婆病了，你作为媳妇，就应该在婆家侍奉左右。要像对待自己父母一样孝敬公公婆婆，这才是我李家知书达理的女儿。"

他催促女儿赶快回家照顾婆婆，宴会结束后，李晟也亲自来到崔家看望亲家。替女儿向亲家道歉，也为自己疏于对女儿的管教表达了歉意。

看到父亲如此注重孝道，女儿感到自己做得很不够。自那件事以后，她对公公婆婆照顾得更加周到了。

名人教子启迪

中国有句古话"百善孝为先"，就是说孝顺在各种美德中是占第一位的，一个人懂得孝敬老人，才是一个有责任心的人。

但是很多爸爸只看重孩子的兴趣开发、技能学习，通常都没把培养孩子敬老爱老列入家庭教育的项目。

司汤达说："老来受尊敬，是人类精神最美好的一种特权。"尊老爱老是中华民族的传统美德。每年农历的九月九日，是我国传统的重阳节，同时也是中国的敬老节。

1989年，国家又把每年的九月九日定为老人节，使这天成为尊老、敬老、爱老、助老的节日。可是，现在这一传统美德已渐渐被忽视，不但敬老的观念淡薄，有的人甚至厌恶老人、虐待老人。

在人的一生中，对自己恩情最深的莫过于自己的父母。父母给了孩子生命并辛勤地养育他，孩子的成长凝结着父母的心血。每一个人都是在父母的悉心关怀、百般呵护下慢慢长大成人的。

爸爸要先教孩子孝顺父母，孩子如果对自己恩重如山的父母都不知报答，不懂孝敬，就丧失了人应有的道德良心，是应该受到谴责的。

孝敬父母实质也是能否关心他人的大问题。"老吾老，以及人之老"，爱自己的父母，才能由此延伸，去敬爱天下的老人。

如果一个人连自己的父母都不爱，是很难再去爱他人、爱祖国的。孩子在家里养成孝敬父母的好习惯，到社会中，才有可能做到承担责任，关心他人，与人合作，真正立足于社会。

在现实生活中，父母对孩子孝敬长辈的要求是很低的，孩子上学离家时能说："爸爸妈妈，再见！"放学回家见到父母能说："爸爸妈妈好，我回来了。"父母就相当满意了。

如果孩子在拿到好吃的东西时，能让让爷爷奶奶或者爸爸妈妈，大家就觉得孩子非常孝顺了。这实际上已经把孝敬降低到一般的文明礼貌用语了。

所以，爸爸应该严格要求孩子，让孩子真正从心底孝顺老人，就像李晟教育女儿那样，培养出真正有孝心的孩子。

专家给父亲的教子建议

建议一：爸爸要以身示范，做出榜样

孩子对待爸爸的态度，直接受到爸爸对待长辈态度的影响。

爸爸跟长辈说话或在一起时，是否不尊重他们？是否已经很长时间没有回去看望父母？甚至于当着孩子的面时，说老人的坏话？

如果爸爸是这样的，就不要指望自己的孩子会尊重长辈，对长辈孝顺。而且，爸爸现在对长辈的态度，就是将来孩子对爸爸的态度。

所以，爸爸要做出孝敬老人的榜样，尽量和老人住在一起，好对他们随时关心照顾；如果不能和老人同住，那么即便工作忙，也不能忘了问候老人。

可以在节假日带孩子回去一起看望老人，帮老人做些家务，尽一份子女应尽的责任与义务。长期这样，孩子耳濡目染，潜移默化，也会逐渐养成尊敬长辈、孝敬父母的好习惯。

建议二：建立长幼有别的合理家庭关系

合理，是指全体家庭成员之间的关系首先是平等的，相互尊重的，尤其爸爸要尊重孩子的独立人格，在处理孩子自己的事情时，一定要充分听取孩子的意见。

同时，家庭又是一个整体，要有人来当家长，管理安排家庭的生活。爸爸是家庭生活的供养者，有丰富的生活经验，自然应当成为家庭的核心和主事人。孩子应当在爸爸的指导下生活、学习。

现在不少家庭中，孩子是小太阳，爸爸变成围着孩子转的月亮，这就使孩子形成以自我为中心的思想，不能养成孝敬父母的好习惯。

因此，爸爸要让孩子摆正自己与父母的关系，知道父母是长者，是家庭生活的主事人，而不能颠倒主次，在家里唯我独尊。

建议三：让孩子了解爸爸为家庭的付出

很多孩子不知道爸爸工作的情况，不知道爸爸的钱是怎么来的，只知道向爸爸要钱买这买那，认为爸爸给孩子吃好、穿好、用好是天经地义的，这样的孩子肯定不会从心里孝敬爸爸。

爸爸应当有意识地、经常地把自己在外工作的收入和情况告诉孩子，说得越具体越好，让孩子明白，爸爸的钱得来不易。这样孩子就会珍惜自己的生活，并从心底产生对爸爸的感激和敬重。

建议四：从小培养孩子孝敬爸爸的行为习惯

孝敬爸爸的一般要求是：听从爸爸的教导，关心爸爸的健康，分担爸爸的忧愁，参与家务劳动，不给爸爸添乱。

要把这些要求变为孩子的实际行动，爸爸就应当从日常小事抓起。如：问候下班回家的爸爸；当爸爸劳累时，主动帮助爸爸或请爸爸休息；爸爸有病时，应主动照护，多说宽慰话等。

爸爸要根据孩子的年龄、能力，提出不同的细节要求。比如，对幼儿园和小学低年级的孩子，要求做到“回家主动和爸爸打招呼”“为下班的爸爸拿鞋、拿衣服”等；

对小学高年级的孩子，要求做到“爸爸回家主动问好，并帮助做家务”“爸爸生病时主动照顾”“尊重爸爸的选择，不要小脾气”等。

任弼时教育孩子不随便接受别人的东西

任弼时，原名任培国。中国无产阶级革命家、政治家、组织家，伟大的马克思主义者，中国共产党和中国人民解放军的卓越领导人。他坚持“能坚持走一百步，就不该走九十九步”的准则，长期抱病工作。1950年10月27日在北京逝世，终年46岁。主要著作编为《任弼时选集》。

任弼时是一位杰出的革命家、政治家。他不满17岁就参加革命，在他的一生中为中国人民立下了汗马功劳。

叶剑英元帅曾评价道：“他是我们党的骆驼，中国人民的骆驼，担负着沉重的担子，走着漫长的艰苦的道路，没有休息，没有享受，没有个人的任何计较。他是杰出的共产主义者，是我们党最好的党员，是我们的模范。”

他一身正气、热爱人民，从不拿人民的一针一线。他教育子女要坚持原则，不乱拿别人的东西。

1947年，解放区进行大规模的土地改革，大家都忙着分田地。孩子们也在一旁跟着凑热闹，他们喊口号、扭秧歌。任弼时6岁的儿子也跟着孩子们一起热闹，好像过节一样开心。

有一天，任弼时正在全神贯注地工作，突然听到“吱吱”的声音。他抬起头来，看到6岁的儿子手里拿着一个小玩具，站在他的书桌前。

任弼时没有见过儿子玩这样的玩具，就问：“这个玩具是哪里来的？”儿子摸了摸玩具，回答道：“这是农会主席送给我的，说是地主家的浮财。”

看着天真的儿子，任弼时和蔼地说：“村里贫农伯伯的孩子都分到这样的玩具了吗？”儿子不假思索地回答道：“只有这么一个，分给我了。”

任弼时皱起了眉头，他觉得孩子应该从小懂得不能随便拿公家的东西。如果孩子小时候贪便宜，那么，长大以后就难以做到公私分明。

他没有训斥孩子，而是和蔼地问孩子：“咱们的‘三大纪律八项注意’中有一条是不拿群众一针一线，你还记得吗？”儿子明白父亲的意思，就辩驳道：“这个玩具不是我自己拿的，是农会主席送给我的。”

任弼时看得出儿子很喜欢这个玩具，就放下工作耐心地说：“送给你的东西就应该要吗？”儿子低下头来，细细想了想父亲平时给他讲的解放军叔叔是怎样执行三大纪律八项注意的故事，他意识到了自己的错误。

但是他真的很喜欢这个玩具，不舍地捏了捏，小玩具又发出“吱吱”的声音。他想请求父亲让他再玩一会，抬头看到父亲坚定而充满期待的目光，他一狠心就跑出去把玩具还给农会去了。

望着儿子幼小的背影，任弼时高兴地对儿子喊：“儿子，你还要向农会主席检讨呢！”儿子应声答道：“我知道了。”儿子跑到农会大院，把玩具退还了回去，还向农会主席道了歉。

任弼时教育孩子们不要随便拿别人的东西，教诲孩子们严于律己。

名人教子启迪

关于是否从小对孩子实施廉洁教育的问题，社会上的各种观点不一，但主流思想还是倾向于对孩子实施廉洁教育。

像任弼时，当儿子拿了别人送的东西时，立刻要求儿子送回去，这种“不拿人民的一针一线”的思想，在当今社会仍有教育意义。

从古至今，我国一直倡导“俭以养德，廉以立身”“名节重泰山，利欲轻鸿毛”等廉洁的思想，孩子虽小，却是未来社会的主人，更有必要及时实施教育，防止长大后犯错。

同时，现在的社会越来越开放，孩子除了校园生活外，与社会的接触也越来越多，并不廉洁的社会风气会让孩子受到一定的感染，廉洁教育十分急迫。

面对这样的情况，爸爸应该尽早对孩子进行廉洁教育，让孩子了解社会上存在的一些腐败现象，防微杜渐，从思想的源头遏制住不好的行为。

同时，爸爸也要教育孩子，不要随意接受别人的东西，要有自己的判断能力，不要因为一不小心进入别人设置的“陷阱”中。

当然，廉洁教育不是一下子就能做到的，需要爸爸慢慢给孩子灌输这种思想，不能操之过急，但也要引起足够的重视。

专家给父亲的教子建议

建议一：培养孩子的廉洁观念

孩子随便接受别人的东西，绝大多数是因为孩子缺乏正确的廉洁观念，分辨不清自己的行为是对是错。因此，爸爸想纠正孩子接受别人东西的行为，必须帮助孩子树立正确的廉洁观念。

爸爸必须从孩子现有的实际水平出发，考虑到孩子的身心发展特点和认知水平，逐步提高孩子的廉洁观念。

爸爸要让孩子懂得接受别人东西的行为是不好的，可能会被有心人利用，甚至误入犯罪的歧途。通过反复教育，培养孩子的廉洁观。

建议二：帮助孩子建立物权观念

许多孩子缺乏对物品所有权的认识。对于物品所有权没有正确的理解，也就不能很好地分清别人和自己的物品有什么区别。

孩子意识不到，别人的东西是别人的，也就意识不到自己行为的严重性，爸爸要讲道理让孩子明白，还要从实际生活中对孩子进行教育。

建议三：给孩子适当的零花钱

爸爸要给孩子适当的零花钱，让孩子能够满足自己最基本的需要，这样孩子就不会因为渴望得到东西而让别人有机可乘。

爸爸给孩子的零花钱的数目要和普通的孩子差不多，让孩子心里感到平衡，让孩子学会为自己的经济行为付费。

歌德教导孩子懂得珍惜时间

约翰·沃尔夫冈·冯·歌德，德国古典文学的主要代表，诗人、自然科学家、文艺理论家。经历了德国文学史上狂飙突进运动、古典主义和浪漫主义三个阶段，与荷马、但丁、莎士比亚一起被称为“世界四大文豪”。代表作品有《少年维特之烦恼》《浮士德》等。

歌德年轻的时候对职业有很多想法。他当过律师，梦想成为画家，后来又想当法兰克福乡长以改良社会，但是均一事无成。接连的失败让他沉下心来从事文学创作。年轻时候不停地选择和犹豫，让他认识到时间的重要。

在歌德的心中，时间就像生命一样重要，他格外珍惜自己的创作时间。当他看到年龄还小的孩子玩耍时，总是很羡慕。他常常感叹，留给他创作的时间很少。

歌德不想让自己的遗憾在儿子身上继续，他总是教育儿子要珍惜光阴。他经常对儿子说的一句话是：“如果你选择了一条路，就要坚持走下去。人生是短暂的，没有太多的时间可让你回头。”

儿子从小就喜欢音乐，歌德就为儿子买了一架钢琴，还为他请了钢琴老师。有一天，歌德没有听到儿子的琴声，就去琴房看儿子。发现儿子没在琴房后，歌德就去后花园找他，儿子果然在后花园玩耍。

歌德问：“为什么在该练琴的时间出来玩呢？”儿子满不在乎地回答：“现在是假期。今天不练了，明天练，反正我有很多时间。”儿子的态度让歌德认识到问题的严重性，他没有训斥儿子，而是给他讲了一个故事。

有一个人染上了风寒，开始咳嗽。家里人建议他去医院看医生，他认为自己身体结实，能抵抗小毛病，一直拖着没有去医院。后来严重了，家里人又催促他“应该看看医生了”，他觉得时间还有很多，总是以工作忙、没时间为借口推脱。

他以为他还有很多时间，直到后来吐了血，才去看医生。但是已经晚了，因为他拖得时间太长，已经发展成了肺癌晚期。

讲完故事后，歌德语重心长地说：“时间就像我们的生命一样宝贵，如果我们善待它，他就会善待我们；如果我们总以为自己的时间还有很多，随意挥霍，到最后将会一事无成。有时还会更糟糕，就像故事中的人一样，甚至会失去生命。”

像是对儿子说，又像是对自己说，歌德叹息：“这就是时间对我们的惩罚。”听完父亲的话，儿子扔下手中的东西，走到琴房练习钢琴了。

歌德爱好诗歌，儿子对诗歌也有很高的兴趣。有一次，歌德无意中看到儿子的纪念册上写了一首诗：

人生在这里有两分半钟的时间，一分钟微笑，一分钟叹息，半分钟恋爱，因为在爱的这半分钟中他死去了。

歌德看完后，眉头一皱。整首诗弥漫的是一种颓废、迷惘的情绪，这种玩世不恭的态度怎么能对人生有积极的影响呢？儿子喜欢这样的诗，无疑是有害无益。

他思索了一会，拿起笔，打开儿子的纪念册，写道：

一分钟有六十秒钟，一天就超过了一千。小儿子，要知道这个道理，人生能有多少贡献。

歌德通过这首诗表达了一种积极向上的人生。他还附上对两首诗的讲解：这两首诗，是两种计算时间的标准，反映了两种人对时间不同的态度。

把一生只当作两分半钟的人，实际上是游戏人生。这种人一辈子碌碌无为，浪费宝贵的时光，等到老去的时候，只剩下后悔。

用秒规划人生的人，踏踏实实地去学习、思考和工作。这种人将会拥有丰富的时间，能做出更多有实际意义的事。

歌德年近80高龄时，还在伏案创作，他用实践教育儿子珍惜时间。

名人教子启迪

一寸光阴一寸金，寸金难买寸光阴，说明了时间无比宝贵。时间之所以如此宝贵，是因为时间就像流水，不经意间就流走了。

人的一生就是时间的累积，任何成就都是时间的转化。所以人们又说，时间就是生命。但有些人却不知道去珍惜，歌德教育儿子珍惜时间，才让儿子不致“白首方悔读书迟”。

时间是公平的，给予每一个人都同样多。珍惜时间的人，会在有限的生命里去做很多事情，以体现自己的生命价值，这是对时间的尊重，也是对自己生命的尊重。浪费时间的人，天天碌碌无为，糟蹋了时间，最终将一事无成。

孩子是不是知道珍惜时间，是不是学会了争分夺秒，与爸爸的教育有很大的关系。爸爸应该尽早让孩子知道时间的概念，用讲故事或者名人惜时的格言，使孩子认识到时间的珍贵。

也可以从生活的点滴小事中，有意识地去培养孩子珍惜时间的行为，一直到孩子形成了做任何事情都知道珍惜时间的良好习惯，这样孩子将一生受益无穷。

歌德从儿子小时就对他进行时间概念的灌输，不放纵孩子玩耍，这样让儿子养成珍惜时间的习惯，利于儿子的一生。

专家给父亲的教子建议

建议一：帮孩子树立正确的时间观念

孩子最初都不知道时间是什么，没有时间观念，更没有珍惜时间的行为。所以，爸爸有必要在孩子很小的时候就帮孩子树立起正确的时间观念。

让孩子知道时间的重要性，并使孩子从生活中感觉到时间的流逝，逐渐减少孩子浪费时间的行为。这样孩子才可能慢慢地养成珍惜时间的好习惯。

建议二：让孩子体验浪费时间的后果

很多孩子做事情磨蹭，不知道有效利用时间。爸爸此时不要因为赶时间，上前去帮助孩子，或者进行包办，这样只会使孩子以后更加依赖爸爸，而不能改掉磨蹭的坏习惯。

爸爸应有意识让孩子去品尝自己耽误时间的苦果，去体验因慢速受到的惩罚，这样孩子才会接受教训，吸取经验，这对改变孩子做事磨蹭会起到很好的作用。

建议三：教孩子最大限度地利用时间

生活中的时间,有很多不注意就被浪费掉了。有些人因为不会统筹安排，也会使办事效率低，时间白白地流失。

因此，爸爸要培养孩子不要浪费点滴时间；做事情学会纵观全局，统筹安排；学会先做一些重要的紧急事情，使时间得到最大限度的利用。

罗伯特·欧文教孩子勇于承认错误

罗伯特·欧文，英国19世纪的空想社会主义者，企业家、慈善家、教育家。罗伯特·欧文是19世纪初最有成就的实业家之一，是一位杰出的管理先驱者，被称为“现代人事管理之父”。是历史上第一个创立学前教育机关的教育理论家和实践者，著有《新社会观》《新道德世界书》等。

罗伯特·欧文是一位有名的教育家，马克思对他有很高的评价：“欧文所设计的幼稚园，最初是在纽兰纳克创办的。幼稚园接受二岁以上的儿童，他们在幼稚园中，感觉到这样的快乐，以致父母很难把他们领回家去。”

罗伯特·欧文十分注重儿童的教育，他认为：“人们在幼儿时期和儿童时期被培养成什么样的人，成年后也就是什么样的人。现在如此，将来也如此。”

欧文对自己的孩子的教育很严格，他希望孩子将来做一个有利于社会的人，成为一个正直的人。

欧文的儿子戴文小时候身材瘦小，经常受欺负。欧文家一个零工的儿子桑迪身材高大，调皮捣蛋，他经常捉弄戴文。

瘦小的戴文打不过桑迪，只得寻找机会偷偷报复。他偷偷观察桑迪的活动，知道桑迪每天哪个时间从哪个地方过。有一天，戴文准备了一个厚重的扫把躲在桑迪经常经过的地方，想好好教训他。

正在戴文幻想的时候，他看到一个人影走来。他以为是桑迪，还没有看清楚就举起扫把砸了过去。那个人晕倒了，戴文仔细一看，发现砸错了人，吓得丢掉扫把跑回自己的房间。

后来，欧文询问家里人，这件事情是谁干的。受到惊吓的戴文害怕受到惩罚，不敢承认自己的错误。

见没有人承认，欧文降低了声音说："一个人做错了事没有关系。但是做了错事而不敢承认，害怕承担后果，这就太让我失望了。"说完，欧文痛惜地看了一眼戴文。

看到父亲的表情，戴文咬了咬牙，勇敢地站了出来。他承认是他干的，并愿意向那个被打的人道歉。

儿子的坦诚让欧文非常高兴，他对儿子说："其实我早就知道是你干的，但我希望你主动站出来承认错误，而不是由我揭发你。虽然你做错了，但是你是一个勇敢的好孩子。"

欧文告诉儿子，暴力不是解决问题最好的方法。当事情发生后，不要冲动地找到一个方法就执行，要考虑到后果。

他还说，每个问题都有最好的解决方法。遇到事情一定要保持清醒的头脑，权衡利弊得失再做决定。

戴文接受父亲的教导，从那件事情以后，他再也没有跟别的孩子打过架。欧文不主张动手打孩子，不管孩子犯了多大的错。他认为，孩子能理解很多道理。重要的是要跟孩子讲道理，让孩子明白并承认自己的错误。

孩子们记得最清楚的一句话是："我不希望你们犯错误，当然，不犯错误是不可能的，连上帝都会犯错误，更何况是我们人呢？但是我希望你们能够在你们所犯的错误中，清醒地知道自己是错误的，更为重要的是要知道自己错在哪里。犯了错误要努力改正，以后才能不再犯同样的错误。"

正是欧文对孩子们的教育，让孩子们懂得了要用于承认错误。孩子们长大后，在自己的领域中拼搏，都取得了不错的成绩。

名人教子启迪

很多爸爸都害怕孩子犯错误，而且会尽可能地减少孩子犯错的机会。比如，爸爸会对孩子说："孩子，只要你念好了书，什么你都不用管。"

其实，爸爸要有意识地教会孩子学会发现错误。爸爸要了解孩子的能力、爱好、性格及少儿所特有的心态，这样，才能对孩子循循善诱，使他能认清方向，少走弯路，早日成功。

试想一下，如果当孩子说了实话，欧文知道是孩子做了错事，反而大发雷霆，把孩子痛打一顿，那孩子以后还敢说实话吗？

爸爸在面对孩子的错误时，应该让孩子感到，对爸爸讲真话并不可怕，完全可以得到爸爸的谅解，而不必说谎。

每个人都会犯有过失，但过失可以教给孩子的，却是孩子在任何地方都不可能学到的。然而，唯恐犯错的心理往往使孩子不去尝试新事物或承担风险。

如果爸爸发现孩子犯了错，不要仅就错误本身批评孩子：“这么小的孩子你就不断犯错，长大了那还了得？”这样的训斥对孩子没有丝毫的帮助。

爸爸真正需要做的，是对孩子的行为进行观察，必要时对孩子的言行做些调查核实，这样可以堵塞孩子犯错的漏洞。

纠正孩子犯错要采取“冷处理”的办法，即让孩子经过长期的思考与自我道德评价后，自己承认错误。

专家给父亲的教子建议

建议一：要有行为规范的具体要求

要教育孩子敢于承认错误，光讲道理不行，要有行为规范的具体要求，让孩子从小就按诚实的标准来严格要求自己，自觉养成说实话的良好习惯。

因此，爸爸要针对孩子的实际情况，提出“几要几不要”的具体要求，比如不拿人家的东西，不编瞎话，不说大话，不谎报成绩等等。

建议二：犯错后及时进行教育

孩子做错了事应及时进行教育，今天的事今天办完。事过境迁再进行教育，会使孩子失去真实感。

爸爸应以理服人，孩子做错了事，在进行教育时，必须晓之以理，使孩子明白所做的事情为什么不对。

建议三：教育应前后内外一致

教育必须保持一贯性。切忌在自己心情好的时候，见孩子做了错事也不进行教育，心情不好时则进行责备、训斥。

教育必须保持一致性。如果对一种行为表现，爸爸说对，妈妈说错；今天说错，明天又说对，这会使孩子无所适从，只有看爸爸的脸色行事。

建议四：注意家丑不外扬

孩子做错了事，能在家里进行教育的，不必拿到外面去。有的爸爸常吓唬孩子说："明天我到学校去告诉你的老师。"这样使孩子产生恐惧或不信任感，其结果并不理想。

丰子恺教孩子以礼待人

丰子恺，曾用名丰润、丰仁、婴行，字仁，号子恺。中国现代画家、散文家、美术教育家、音乐教育家、漫画家和翻译家，是中国现代漫画的开创者。丰子恺师从弘一法师，以创作漫画以及散文而著名。代表作品：《缘缘堂随笔》《缘缘堂再笔》《随笔二十篇》等。

丰子恺是我国一位卓有成效的艺术大师，在散文、漫画方面享有很高的声誉。他的文章风格恬静，漫画多以儿童为题材，幽默风趣，反映社会现象。他给孩子们写的一封信《给我的孩子们》，深受孩子们的喜爱。

丰子恺共有 7 个子女，都有所成就，这与丰子恺的家庭教育是分不开的。在孩子的教育方面，丰子恺先生特别注意孩子们的礼仪教育。在平时的生活中，常对孩子们讲怎样待人接物。

丰子恺在文化界有很多朋友，经常互相做客交流。丰子恺总是耐心地教孩子们给客人倒茶时的注意事项，以及接受长辈礼物时应该怎么做。

孩子一遍记不住，他就多讲几遍。这些为人处世的规矩深深印在孩子的心里。

丰子恺总是对孩子强调，为客人端茶、添饭时，一定要双手捧上。他还打比方说：“如果用一只手端茶送饭，就好像皇上对臣子赏赐，或者像对乞丐施舍，又好像是父母给孩子喝水、吃饭。这对人是非常不尊敬的。”

丰子恺教育孩子接受客人的礼物时，要躬身弯腰用双手去接。他解释说：“躬身弯腰表示谢意，双手表示敬意。”

有一次，丰子恺请一位朋友在饭馆里吃饭，他把几个十来岁的孩子也一起带去了。席间孩子们举止得体，友人大家赞赏。

吃完饭后，有的孩子喊着想回家。丰子恺听到后就走过去，悄悄制止了孩子的行为。直到把朋友送走，丰子恺才带着孩子回家。

事后，丰子恺把孩子们叫到身边，对他们说：“我们家请客，我们都是主人。主人比客人先走，那是对客人不敬，这样做是不对的。”孩子们听了，知道自己做错了一件事，懂事地点点头。

丰子恺的女儿丰陈宝，从小就害羞，特别害怕见到陌生人。平时和兄弟姐妹们玩得很开心，一见到不认识的人就很拘谨，显得很没有礼貌。

有一次，丰子恺的一个朋友来家里做客。告辞的时候，也和丰陈宝打了个招呼。女儿看到陌生人不知道该怎样回答，一时愣在了那里。

送走了客人，丰子恺责备女儿，怪她太不懂礼貌。丰子恺觉得，女儿之所以显得不懂礼貌，是她接触的生人少，缺乏这方面的锻炼。

为了帮助女儿改变害羞的习惯，丰子恺只要有机会就带女儿出去见世面。丰子恺到开明书店赶一项编辑工作，把女儿带了去。那时候的丰陈宝已经十三四岁了，丰子恺就让她“帮忙”抄写、剪贴。

在丰子恺的教育下，丰陈宝慢慢改变了害羞的性格。长大后的丰陈宝，中文、外文都很精通，曾任上海译文出版社编辑。

在丰子恺的教育下，7个孩子都是知礼仪、懂规矩的人。他们长大后都在各自的领域取得了成就。

名人教子启迪

文明礼貌是人际交往中尊敬他人的表现，也是孩子良好修养的重要体现。懂得文明礼貌的孩子会有一个快乐的人生，还会因为自己的文明礼貌多一份成功的可能。

每位爸爸都希望自己的孩子讲文明，懂礼貌，做受人欢迎的人。但是现实生活中，孩子不讲文明礼貌的形象比比皆是：不讲卫生，随地乱扔垃圾；公交车上不主动让座；满口脏话；从不用礼貌用语等。

孩子并不是天生就不懂得文明礼貌的，他的言谈举止是文明还是粗鲁，都是通过爸爸和社会大环境塑造的。

爸爸要注意在日常生活中培养孩子讲文明、懂礼貌的好习惯，要教育孩子行为举止符合社会文明规范，待人接物要有礼貌，不说粗话。只要爸爸悉心培养，每个孩子都会变得彬彬有礼。

如果孩子文明礼貌，就会给他人留下一个好印象，也就会让自己多一个朋友；反之，粗鲁无礼的孩子只会让人产生厌恶的情绪，也就谈不上成功了。

爸爸要让孩子体会到文明礼貌的关键性作用，并体验文明礼貌带给他的快乐。可以像丰子恺教育孩子那样，既给孩子灌输礼仪观念，也教会孩子礼仪细节。

专家给父亲的教子建议

建议一：爸爸要成为孩子的表率

古语说，己正而后才能正人。爸爸的言传身教是孩子学习的最好教材。爸爸想让孩子文明礼貌，首先要提高自身的素质，生活中处处做孩子的榜样。

同时，爸爸要给孩子提供表现自己的机会，比如让孩子主动接待客人，使孩子在亲身体验中理解文明礼貌的含义。

孩子做的不完善的地方，爸爸可以给予孩子指导和帮助。通过爸爸的行为潜移默化地影响孩子，使孩子在耳濡目染的环境中，逐步形成文明礼貌的习惯。

建议二：规范孩子的文明举止

孩子的言谈举止可以反应出自身教养问题，孩子拥有文明的举止，是孩子有教养的表现，会对他的生活、学习、工作产生积极的影响。所以，爸爸要让孩子学会举止文明，培养孩子的文明素质。

文明举止包括文明用语和文明行为。爸爸要从这两个方面加强对孩子的教育。

文明礼貌用语要求不说粗话、脏话，教孩子学会使用基本的礼貌用语等等。文明礼貌行为包括遵守公共秩序和社会公德，如爱护公共卫生，遵守交通规则等。

建议三：强化孩子的自尊意识

文明礼貌习惯看起来是孩子的一种行为表现，实际上它与孩子的内心修养，特别是与孩子是否具有自尊和是否尊重他人有着密切的关系。自尊就是自己尊重自己，尽量维护自己的人格和尊严，获得他人好的评价。

每个孩子都有自尊心，想要获得自尊，孩子就必须先尊重他人，遵守社会秩序，注意文明礼貌。一个缺乏自尊的孩子很难有文明礼貌习惯。

文明礼貌习惯实际上是人满足自尊心的一种重要手段。所以，爸爸要有意识地培植孩子的自尊心，让孩子在满足自尊心的时候学会文明礼貌。

建议四：教孩子掌握礼貌用语和常识

礼貌教育是孩子进行良好的人际交往的基础，不懂礼貌的孩子的主要体现是不会使用礼貌用语。爸爸要在平时的生活中教孩子掌握礼貌用语。但是孩子的礼貌还要靠孩子在生活中的运用。

要让孩子掌握基本的礼貌用语，如“您好、谢谢、对不起”等。接受了别人的礼物要感谢，做了错事要和别人道歉等基本的礼貌常识爸爸也要和孩子讲清楚，当孩子有不礼貌的行为时爸爸要冷静地和孩子讲道理，让孩子成为文明礼貌的孩子。

建议五：及时制止孩子的不文明行为

孩子自身的体验是最好的教育，但是孩子辨别能力差，自制力也不足，这就需要爸爸对孩子进行有效的监督。

一旦发现孩子有不文明的行为，就要立即制止，并告诉孩子不文明行为不仅会对社会或他人造成危害，还会影响自己的形象。

爸爸要保持认真的态度，有时一个眼神就能传达给孩子信息，阻止孩子的行为。及时制止、纠正孩子的不文明行为才能让孩子逐步学会文明礼貌，才能更好地进行人际交往。

洛克菲勒之父树立孩子的理财意识

约翰·戴维森·洛克菲勒，美国资本家，美孚石油公司的创办人。是20世纪第一个亿万富翁，也普遍被视为人类近代史上的首富。创办了芝加哥大学与洛克菲勒大学，他的目的是“从其他恶性竞争的商人们身上赚取尽可能多的金钱，而用此金钱发展有益人类的事业”。

约翰·戴维森·洛克菲勒1839年7月8日出生在纽约州北部的乡村地区，父亲是一个有商业头脑的人，母亲是一位虔诚的浸信会教徒，为人朴素严谨。

父亲的商业意识极强，对自己的儿子也不例外。老洛克菲勒对外做生意精打细算，从来都不允许吃亏。对自己的孩子管教也很严，从不轻易给他们零花钱，孩子们要想有钱花必须为父亲“打工”。

洛克菲勒每天清晨就到地里干农活，有时还要帮母亲挤牛奶。为了清楚地知道自己干了多少活、挣了多少钱，他准备了一个专门用来记账的小本子。

父亲老洛克菲勒给儿子算的工资是按小时计算的，每小时0.37美元。洛克菲勒从小就用劳动赚钱，他的账本记得很仔细，来之不易的零花钱让他学到了生活的艰辛，以及如何精打细算的生活。

洛克菲勒7岁那年，有一次独自一人到森林里玩耍，他跑到少有人去的森林深处“寻宝”。不经意间发现了一个火鸡窝，他想火鸡可以用来挣钱，也可以拿来当饭吃。

于是，第二天他悄悄跑到林子里，藏在火鸡窝附近。等母鸡离开，他就抱走一只火鸡，从此他一连几天都来抱一只火鸡。

他把抱回家的火鸡养在自己的卧室里，每天都细心照料。到了感恩节，小火鸡已经长大变成了大火鸡了。

他就把养大的火鸡卖给邻村的农民，赚取了很多银币，他把挣的钱放到一个盒子里储存，从不乱花钱。父亲知道后夸奖他有商业头脑，懂得做生意。

1855 年，约翰·戴维森·洛克菲勒中学毕业后，没有选择上大学。他放弃了上大学的机会，投身商界。当年 9 月 26 日，他在一家经营谷物的商行当上了会计办事员，每周工资 4 美元。但他从不满意这种安逸的生活。

1858 年，19 岁的洛克菲勒向父亲借款 1000 美元，加上自己积蓄的 800 美元，与比他大 10 岁的克拉克合股创办了一家经营谷物和肉类的公司。这是他创办的第一家公司。

精打细算的洛克菲勒生意做得很顺利，第一年就做了 4.5 万美元的生意，净赚 4000 美元。到第二年年底，公司净赚 1.2 万美元，洛克菲勒分得 6000 美元。

洛克菲勒拥有理财的头脑，他的合作伙伴克拉克描述当年的情况时曾说："他有条不紊到极点，留心细节，不差分毫。如果有一分钱该给我们，他必取来。如果少给客户一分钱，他也要客户拿走。"

后来洛克菲勒成为富翁后，还保持着简朴的作风，像小时候一样从不乱花钱。他还把父亲教育他的方法用在自己孩子的身上，在家里做起了生意。

洛克菲勒要求他的孩子们认真记账，把每一天的收入和支出写清楚，他让自己的妻子当"总经理"，帮助他按惯例检查孩子的账。

像洛克菲勒小时候一样，孩子们靠做家务挣零花钱。

洛克菲勒为把孩子培养成小小的理财家而高兴，他自豪地对别人夸奖自己 13 岁的女儿："她已经挣钱了，你绝对想象不到她是怎么挣的。我听说少用煤气可以节省费用，就告诉她，每月从账单上节约下来的钱都归她。"

洛克菲勒提高声音，表达自己的激动："她每天晚上在家里转悠，如果发现你用煤气灯，就把它关小一点。"

洛克菲勒家族的传奇，是从日常生活的理财开始的。从小培养孩子的理财意识，让孩子对自己手中的钱负责，自觉地杜绝乱花钱。

名人教子启迪

“你不理财，财不理你”。理财是对财富进行科学、有计划的管理和安排，是孩子生存能力的重要组成部分。理财观念直接决定着孩子理财能力的高低，对孩子将来的生活起着举足轻重的作用。

如果洛克菲勒的父亲没有从小对他进行理财教育，让他树立理财意识，洛克菲勒就很难取得后来的成就。

对于成长在经济社会中的孩子来说，从小就和金钱打交道，财富是人生中必须要面对的课题。所以，培养孩子正确的理财观念是有必要和有重要意义的。

美国爸爸希望孩子早早地就懂得金钱的关系，把理财教育称之为“从3岁开始实现的幸福人生计划”，让孩子学会赚钱和花钱、存钱。

他们鼓励孩子从小就工作挣钱，并且教导孩子通过正当手段赚取收入。孩子的理财意识和管理、操作金钱的能力就逐步培养起来了。

学会理财，不仅让孩子学会如何用钱，教育孩子掌握正确的理财方法、形成科学的理财理念的同时，还包含了许多品德教育。

比如懂得爸爸的辛苦、爱劳动；理财教育还能提高孩子辨别和分析事情的能力；还能培养孩子的独立自主能力。

想要孩子步入社会之后具备正确的理财观念，做爸爸的千万不能掉以轻心，只要能把握合适的时机进行教育，孩子在生活中就会懂得很好地规划收支并且付诸行动。

因此，在孩子小时候，培养他的理财观念就显得格外重要。

专家给父亲的教子建议

建议一：重视对孩子的言传身教

要使正确的理财观念深入孩子心中，必须依靠爸爸的实际行动去影响他。孩子的模仿能力强，爸爸的言谈举止、行为方式都对孩子起着举足轻重的作用。因此，爸爸要加强自身修养，给孩子提供一个健康的成长环境。

为此，爸爸要不断加强自己的学习，提高自身理财观念和道德修养，使孩子逐步形成高尚的金钱观和良好的理财习惯。

同时，很多爸爸总是用物质上的给予来表达对孩子的关心，将金钱和好吃好玩的东西变成了感情的替代物。

孩子需要金钱，更需要爸爸精神上的关爱。这样在给孩子爱的教育的同时，还会锻炼孩子的理财能力。

建议二：根据年龄进行理财训练

在许多发达国家，爸爸不但普遍重视对孩子的理财教育，而且这种教育从孩子很小的时候就开始了。

爸爸应该按照孩子的年龄阶段，由浅入深，逐步引导孩子的理财能力从低向高提升。培养孩子的理财观念，越早学会理财，对孩子未来的益处就越明显。

对于6岁之前的孩子，爸爸要教给孩子简单的金钱概念、意义；对于7岁到12岁的孩子，已经对生活有了理性思考，爸爸要给孩子适量的零花钱，还可以为孩子办张银行卡，教给他使用的方法；对于13岁以上的孩子，爸爸就可以教给孩子适当的投资，让他对股票和基金有深入了解等。

孩子的每个成长阶段都很重要。爸爸不可操之过急，培养孩子的理财观念还得按照具体实情一步步来，日久才能见到效果。

建议三：理财的意义不只是金钱

理财教育对正处在知识积累和观念培养关键时期的孩子来说，意义绝不是仅仅让孩子学会花钱、存钱、挣钱，其中包含了多方面的教育和多种能力的培养。

通过金钱，孩子可以理解金钱和爸爸工作的关系，产生孝敬爸爸的情感和行为动力；懂得只有付出劳动才会有收获；懂得勤奋、守信是经济生活中取得成功不可或缺的品格；孩子也会从支配零花钱做起，在购物消费的时候做出正确判断，是锻炼孩子的自立能力的机会。

理财教育其实是孩子对自己人生的规划，是对自己这一生想成为什么样的人的整体规划。这是超出了理财教育的本身，而更深远的意义。

建议四：在生活中培养孩子的理财观念

爸爸可以在生活中，先让孩子知道 100 元钱能做什么：妈妈可以买一件打折的衣服；可以买 50 斤左右的大米；可以买三本书；一家三口可以去小饭馆吃一顿饭等。

孩子知道 100 元钱的用处，学会合理使用每一个 100 元，甚至更多的金钱，也就会从中受到更好的教育。

建议五：要教孩子将观念转化为财富

观念落实在行动上才会发挥作用。实践才能出真知，理财也是如此。理财能力需要爸爸后天培养。只有让孩子在生活中积累了丰富的经验，才能具有很强的理财能力。

从孩子理财观念的产生和理财计划的确定，都不仅要在方法理论上加以引导，更要在实践中加以体验。爸爸给孩子一定的零花钱，让孩子学会合理花钱，孩子花不了的零花钱可以存起来，这都是对孩子理财能力的培养。

冯玉祥鼓励孩子乐于助人

冯玉祥，原名冯基善，字焕章，民国时期著名军阀、军事家、爱国将领、民主人士。1931年“九一八”事变后，积极主张抗日，反对蒋介石的不抵抗政策；1933年5月，组织察哈尔民众抗日同盟；1946年在美国组织“旅美中国和平民主同盟”，反对内战。

冯玉祥自幼在保定长大，家境贫寒，后投身行伍。作为一名军人，冯玉祥英勇善战；作为一位父亲，他充满慈爱。他粗中有细，教育子女从日常生活的小事做起完善自己。

冯玉祥曾对孩子们说：“努力学好本事，从生活中的一点一滴完善自己，锻炼自己。”为了让孩子们有所作为，和别的父亲不同，他教育孩子们从小学习洗衣、做饭、修理等家务。

有一天，冯玉祥看到妻子在缝纽扣，他走近一看是儿子的衣服。就让妻子停手，把衣服拿给儿子，让儿子自己缝。

妻子觉得冯玉祥做的有点过分，就对他说：“他是一个男孩子，针线活是女孩学的，男孩不一定要学针线活吧。”

冯玉祥告诉妻子：“这样做是让他们学会料理自己的生活，如果连自己的生活都不能料理好，将来又怎能在社会上立足呢？又何谈所谓的强者！”

在冯玉祥的规定下，儿子学会了洗衣做饭，女儿要学会修理电灯等电器。在他的教育下，孩子们都会很多手艺。

学习本事帮助别人，是冯玉祥对孩子们的教导。他对孩子们强调，在这个社会上没有绝对的男女分工，人一定要多学本事，以便在不同的环境下生存；不仅自己能够生存，还能够帮助别人。

1942年，儿子冯洪国出外学习。临行前，他对父亲说："您有什么吩咐吗？"冯玉祥想了想说："我没有别的东西送给你，写副对联给你吧。"冯玉祥提笔写下一副对联：欲除烦恼须无我；历经艰难好做人。

冯玉祥把孩子们都叫到身边，语重心长地说："这副对联，既是给你们的，也是给我自己的。要'无我'才能为民众，为大家，自己一点怨言也没有。要做到甘心情愿为老百姓效劳。'无我'，乃是关键。'历经艰难'，也不容易。你必须经过磨炼。"

后来，冯玉祥的女儿冯弗伐从德国留学回来。冯玉祥又为她书写了这副对联，表达了冯玉祥对孩子们的殷切希望。

冯玉祥对子女们说："要紧的是学本事，学能耐。要先自己站得定，然后尽力地帮助别人，要是全靠别人帮你的忙，那就是自己看不起自己。"

他深入浅出地为孩子们讲解："俗话说得好，工欲善其事，必先利其器。一个木匠，必得有一个好的斧锯，才能做好的家具。"

他对孩子们的教导，深深印刻在孩子们的心上。1987年，已是著名医学专家的女儿冯理达，应新华社香港分社的邀请，率领医疗小组赶赴香港。冯理达出诊7个多月，帮助了那些患有疾病的人。回来后，她把赠送她个人的六百多只电子石英钟全部捐赠给了国家。

孩子们的成就离不开冯玉祥的教导，冯玉祥的教导既成就了孩子，也帮助了别人。

名人教子启迪

乐于助人就是看见别人有什么困难，主动自愿地上前协助。乐于助人的品质会使自己更快乐，人际关系更和谐，得到的机会更多，获得成功的可能性也更大。

但是，生活中有很多孩子，对别人出现的困难漠视，不知道在别人需要时及时搭把手，归根结底是因为孩子在家里一直处于被照顾的地位，因此不会关心别人，缺乏爱心，形成了自私自利的性格，有着"事不关己，高高挂起"的心态。

这样的孩子容易被孤立，内心也会很孤寂，不利于孩子身心健康的成长。同时也会阻碍孩子与别人良好关系的形成，还会因此妨碍事业的成功。

所以，爸爸在孩子小的时候，就要注意培养孩子乐于助人的高尚品质，让孩子生活在爱与被爱的和谐氛围里。

冯玉祥经常教育孩子要乐于助人，在完善自我的基础上，尽可能地帮助别人，发挥自己的最大价值。

爸爸要向冯玉祥学习，可以从这样几方面做起：用好人好事的榜样去感染孩子，唤起孩子的同情与关爱之心；让孩子学会体察别人的难处，学会主动去帮助他人；教孩子根据别人的真实需要帮助，并且做到量力而行，以避免适得其反，给孩子带来不必要的伤害等。

专家给父亲的教子建议

建议一：提醒孩子在生活中关心大人

爸爸在给孩子无私的关爱与照顾时，从来不要求孩子有什么回报，这是父爱的伟大体现，但爸爸这样做，并不利于孩子的成长。

由于爸爸一直奉献，孩子只知道索取，这样就容易使孩子形成自私自利的心理。所以，爸爸在照顾孩子的时候，要时刻提醒孩子去关心自己，这样有助于孩子形成关爱他人的品质。

建议二：用助人为乐的榜样感染孩子

助人为乐是种习惯行为，爸爸让榜样去感染孩子，孩子也会学着去帮助他人。

生活中，有很多助人为乐的事件发生，媒体里也多有报道，爸爸可以经常给孩子讲讲这些故事，让这些事件感染孩子，孩子也会慢慢地学会乐于助人。

建议三：教孩子看别人有难主动上前

留心生活，会有很多遇到困难需要帮助的人。爸爸要教孩子看到别人有难，就及时上前搭把手，让孩子通过点点滴滴的小事，形成乐于助人的品质。

有时候，孩子看到别人有难，却不知道是否应该上前，爸爸此时要引导孩子主动去提供帮助，时间久了，孩子就会形成助人的习惯。

建议四：让孩子助人时学会量力而行

有时孩子看别人向自己求助，或者是别人有难想去主动帮助，但因为能力受到限制，或者别的一些原因，有可能会伤着自己，或者反而会越帮越忙。

遇到这种情况，爸爸要教孩子学会量力而行，不能因为助人为乐而损伤自己，也不要因为好心助人却为别人增添了麻烦。

宋庆龄之父教孩子坚守信用

宋庆龄，中华人民共和国名誉主席，青年时期追随孙中山，投身革命。是伟大的爱国主义、民主主义、国际主义和共产主义战士，20世纪的伟大女性。为中国的统一和世界的和平做出了不可磨灭的贡献，受到中国人民和海外友人的赞誉和热爱，享有崇高的威望。

1893年1月27日在上海虹口美租界，一个女孩诞生了，她就是日后闻名世界的宋庆龄。宋庆龄的父亲宋嘉树是一位实业家，追求民主，在家中为孩子营造了一个民主的环境。

宋嘉树教育孩子们要诚实守信，不能言而无信。宋庆龄生性稳重、腼腆，和兄弟姐妹们在一起时，她总是最安静的一个。宋庆龄把父亲的话铭记在心里，不管是对兄弟姐妹还是对朋友，她从不失信。

有一次，全家吃过早饭，父亲打算到一个老朋友家里做客。孩子们也喜欢去那位叔叔家玩，尤其是宋庆龄。那位叔叔家养了许多漂亮的鸽子，宋庆龄非常喜欢逗鸽子玩，叔叔还答应送给宋庆龄一只。

得知要到叔叔家玩后，孩子们异常兴奋，他们跑进自己的房间精心打扮自己。看着孩子们忙碌，宋嘉树也很高兴。可是独独不见二女儿宋庆龄，听到传来的琴声，他发现女儿独自一人在弹钢琴。

父亲走过去，问宋庆龄："庆龄，今天怎么落后了呢？你难道不想去叔叔家看鸽子了吗？"宋庆龄回过头，露出不舍的神情。

她告诉父亲，今天上午她的同学小珍要来找她玩，向她学叠花篮，这是前两天就约好的。宋嘉树知道小珍是女儿的好朋友，常在一起学习玩耍。

但他不想让女儿失去这次去朋友家做客的机会，他对宋庆龄说："没关系，你明天可以到小珍家里教她叠呀！"

宋庆龄想了想，为难地说："不行，我们已经约好了。如果我走了，她没见到我会失望的。"已经打扮好的霭龄听到了妹妹不去的原因，走过来说："小珍不会怪你的，明天见到小珍，向她道歉解释不就行了。"

宋庆龄站在钢琴旁没有动，她慎重地想了想，对姐姐说："爸爸说过，做人要遵守承诺。如果我忘了答应小珍的事，我可以向她道歉；可是我记得答应她的事，就得在家里等他，否则就是失信。"

父亲听到宋庆龄的理由，由衷地为她感到高兴。他对女儿说："孩子，你做得很对。"于是，父亲带着孩子们出门了，留下宋庆龄在家等待小珍。

宋嘉树一行人到了叔叔家，叔叔见宋庆龄没有来，就问宋嘉树为什么少了二女儿。宋嘉树就把这件事跟叔叔说了，叔叔称赞宋庆龄的做法。

临走时，那位叔叔送给宋庆龄两只鸽子，让父亲替宋庆龄带回去。

回到家后，兄弟姐妹们热烈地讨论着在叔叔家的见闻，父亲却见宋庆龄一人在家，疑惑地问："小珍走了吗？"宋庆龄平静地回答："小珍没有来，可能是她临时有事吧。"

宋嘉树为女儿感到惋惜，没有说什么。母亲心疼地问宋庆龄："小珍没有来呀，我们的小庆龄不是会寂寞吗？"

没想到宋庆龄回答："不，妈妈。虽然小珍没有来，但是我遵守了承诺，所以我很高兴。"父亲也为女儿的诚信和大度骄傲，他把朋友送的两只鸽子拿给女儿，告诉女儿这是叔叔对女儿信守承诺的奖励。

父亲对女儿的诚信教育，伴随宋庆龄走过人生的风风雨雨。

名人教子启迪

如果孩子不守信用，愿意和他合作和分享的人就会越来越少。也会影响到孩子正常的人际关系发展。

爸爸要让孩子学会遵守自己的诺言，答应别人的事，就一定要办到。如果说自己还没有办到的能力，就应该诚恳地向对方说明原因。

爸爸可以教孩子不要轻易地去答应别人，必须让孩子知道，诺言是很重要的一个东西，一诺千金。

孩子在还小的时候，对于信用的理解，也会比较模糊。这样一来，很多时候也不知道，什么是对，什么是错。

爸爸就要在孩子还小的时候，在生活中向孩子灌输要说话算话的思想意识。而且自己在孩子身边，也要做到说话算话。

就像宋庆龄的父亲那样，从小就向她灌输守信的观念，这才能让她抵住各种诱惑，守住自己的承诺。

爸爸是孩子的榜样,对孩子的行为有很深的影响。如果爸爸在孩子身边，也做不到信守承诺，孩子出现不守信用的情况也就不足为怪了。

诚信是一个人的立身之本，要想与人合作，一个最基本的前提就是守信用。只有是一个守信之人，大家才会愿意与你合作，一起共事。一个讲信用的人，也更容易获得别人的尊重和敬意。

教孩子要讲诚信，其实也就是在教孩子好好地做人。当孩子要想答应别人什么事时，一定要让孩子先三思。也就是考虑，自己是否能够办到。不要轻易地就许下自己的诺言。

现在有很多爸爸认为，对孩子的教育是要聪明一点，狡猾一点。不能在人前太老实，这样子是会吃亏的。结果就是鼓励孩子不讲诚信。

孩子还小，却表现出了像成人一样的世故。这些现象，也都和爸爸对孩子的教育观念有关系。爸爸的提倡，往往也就成了孩子的言行表现。尤其是对一些不好的不文明的言行，如果鼓励，孩子会学得更快。

诚信的培养，需要爸爸和孩子一起来努力。真要想与人好好地合作，还是要提倡诚信为本的。如果让孩子养成了不守信用的坏习惯，最终害的还是孩子。

专家给父亲的教子建议

建议一：爸爸要对孩子守承诺

爸爸不要随便许给孩子很多承诺，最后自己又不能够实现，也不向孩子做一个合理的解释。在刚开始的时候，孩子会对爸爸的不守承诺非常气愤。等到已经习惯了之后，就开始自己也不守信用起来。

当爸爸来责问孩子的时候，他会用稚嫩的声音来争辩："你还不是说话不算话，为什么就要说我呢。"是啊，爸爸都不能在孩子面前遵守自己的承诺。要让孩子来遵守，就有一些为难孩子了。

建议二：让孩子在答应别人事情时先三思

爸爸要让孩子明白，自己承诺的重量。在每次要答应别人什么事之前，都要先想一想，自己能不能办到。

如果没有这个能力，就要让别人去找其他人来帮忙，不要自己吃下了自己的承诺。这样子，就会渐渐地失去别人的信任。

到最后，只能自己帮自己了。诺言是承负着一定的责任的，一定要让孩子体味到这份责任的重量。

建议三：对于孩子的不讲信用要批评

爸爸发现孩子出现不讲信用的情况时，一定要提出相应的批评。要让孩子明白，自己的行为是不受爸爸和大家欢迎的。

如果对之采取漠视的态度，让孩子在心理上一点儿负罪感都没有，觉得这是一种很正常很自然的事情，那么"守信"两个字，就更难在孩子的心里生根发芽了。

建议四：表扬孩子的守信行为

孩子不是生来就不讲信用的，在孩子刚刚学会为人处世时。也会考虑到，自己是不是要做到说话算话。

很多时候孩子的表现，让大人都汗颜。他会为了遵守自己的一个小小的诺言，而付出很大的努力。

爸爸在孩子有这种诚信表现的时候，要及时地表扬孩子，让自己的赞许能够帮助诚信的种子，在孩子心里生根发芽。

建议五：诺言实现不了要给孩子解释

在自己答应别人的事情没有办到时，爸爸要让孩子给别人一个解释，请求别人的原谅。这也是对自己承诺的重视。

如果真的是事出有因，办不了，别人也会给予原谅的。千万不能没有办到答应的事，还要赖不承认。这会很快地影响到孩子在别人心中的形象，也会被扣上一项不讲信用的帽子。

第六章

父亲要帮助孩子学会学习

贝利之父告诉孩子梦想是学习最直接的动力来源

贝利，巴西著名足球运动员，被称为“球王”。在他的足球生涯中共攻进1281个球，四次代表国家队出战世界杯，三次捧得世界杯。1980年被欧美20多家报社记者评为20世纪最杰出的运动员之首，1987年6月被授予国际足联金质勋章，1999年被国际奥运委员会选为“世纪运动员”。

1940年10月30日，贝利出生在一个贫寒的家庭。父亲何奥是一个职业足球运动员，但并没有获得过好成绩，所以家庭收入微薄。后来父亲在一次足球比赛中受伤，不能继续踢球，家里的经济状况就更加紧张了。

父亲希望儿子将来做一个科学家，有一技之长，于是在贝利8岁的时候就把他送到了学校。但是贝利不喜欢读书，他不爱学习，上课随便说话，还在班里打架。老师对贝利实施各种严厉的惩罚，可是贝利依然我行我素，野性难改。

贝利的行为令老师和母亲很头疼，他们对贝利的前途感到绝望，对贝利不抱任何希望了。少了束缚的贝利和一群小伙伴组成一个俱乐部，他们用很多办法挣钱完善球队的设施。

贝利和小伙伴把从里约热内卢和圣保罗俱乐部里拿到的足球卡片卖掉，用卖卡片的钱买球。他们还到城市里拣香烟头，把里边的烟丝抽出来，再制成新的香烟卖出去。为了挣钱，他们还收废铜烂铁和旧纸盒，把它们卖给废品站。

就在贝利沉迷于自己“足球梦”的时候，父亲发现了贝利的足球天赋，无论是贝利的反应速度，还是他的反应能力都非常棒，于是父亲打算教贝利踢足球。

由于当时家里的经济条件比较拮据，没有买足球的钱，父亲便用袜子为贝利制作了一个足球，踢球的场地就在他家屋前的街道上。街上人少时，父亲总是陪贝利踢球。

贝利的身法灵活，球踢得好，引来路人的观看，这让贝利更加喜欢足球了。因为从小贝利很有野性，常常受人冷眼，很少受到表扬。旁人对贝利踢球的称赞，让从小就受到批评的贝利很有满足感。

在陪儿子踢球的过程中，父亲发现儿子野性难驯，脾气非常暴躁。对于一个足球运动员说，这是十分危险的。因为贝利的脾气很容易在比赛场上与别人发生争执，如果不改掉的话，贝利将来的足球之路很难走得更远。

有一次，贝利观看父亲的一场比赛，他的眼睛盯着赛场上的父亲，心突突地跳着。父亲闪过后卫，却被对方把球抢去，父亲失去了射球的机会，贝利为父亲感到惋惜。

这时，贝利听到一个球迷骂自己的父亲，贝利立即反唇相骂，最后和球迷打了起来，直到工作人员出来维持秩序，才平息了这场争斗。

回到家后，父亲问清楚打架的原因后，严肃地对贝利说，要想踢职业足球，就必须控制自己的脾气。一个真正优秀的球员不仅要有专业的技能，更要有良好的素质。到了正规的大的比赛场合，如果被罚下场，球踢得再好也是没有用的。

父亲对贝利的教育是全面的，不仅在踢球技术上给予指导，而且对贝利的不良习惯也耐心地给予劝诫，父亲语重心长地说："你踢球是有天分的，以后可能会成为一名出色的足球运动员。但是你吸烟、喝酒就踢不好球了，因为你不会有足够的体力在90分钟内保持良好的状态。"

父亲不仅教贝利踢球，还教他如何成为一名优秀的运动员。在父亲的教育下，贝利改掉了身上的坏习惯，14岁就加入著名的桑托斯海湾俱乐部，之后他在足球场上所向披靡。

名人教子启迪

学习动力，是指孩子参与学习过程中的学习动机，包括意志、兴趣、情感等非智力因素。它对孩子的学习能起到维持和调节的作用，是学习能否取得成功的最重要因素。梦想是孩子的奋斗目标，有梦想的孩子能够为实现梦想付出自己的努力。

孩子的注意力和关注点不稳定，对于学习也是一样，爸爸必须为孩子找到一个能够引起孩子持久关注的点，以此来督促孩子不断地在学习的道路上前进，而梦想能够帮助孩子找到一个这样的关注点。

梦想是孩子的想象，不一定会实现，但会成为一种动力，激励着孩子通过一定的方式和途径去拼搏和努力去实现它。

很多孩子不爱学习是因为缺乏学习的动力，一旦有了动力，孩子就会主动地学习，而不用爸爸时刻督促。爸爸要在日常生活中注意发现孩子的兴趣所在，引导其拥有一定的梦想，让梦想成为孩子持久学习的动力。

人们都有这样的体会，当自己喜欢做某件事情的时候，会乐此不疲；当从内心厌恶做某件事却不得不做时，就会感到厌倦和疲惫。孩子也是如此。

有了梦想做学习的动力，孩子会自主自觉地去学习，即使很累很困难，也会感觉自己是在做一件快乐的有意义的事情。

很多爸爸抱怨自己的孩子不爱学习，学习不积极，缺乏上进心，其实是孩子缺少动力的原因。每个孩子都有自己的潜能，只要找到激发孩子潜能的动力，孩子就能取得更大的进步。

学习动力是孩子获得知识的源泉，梦想会促使孩子取得更大的成功，动力则需要爸爸的引导，爸爸要耐心地寻找孩子的兴趣点，激发孩子学习的动力，通过鼓励促使孩子自身意识的觉醒。

能让孩子产生学习动力的因素很多，比如爸爸的期望、社会的压力等，但是孩子的梦想是他学习最持久的动力，爸爸要积极引导孩子，使孩子由被动学习转变为主动学习，最终使其经过自己的努力到达胜利的彼岸。

专家给父亲的教子建议

建议一：不要打击孩子的梦想

每个孩子都有自己的梦想，梦想是他心中神圣的殿堂，孩子会为了梦想而努力奋斗。但是很多爸爸站在成人的角度告诉孩子，他的梦想是无法实现的，这样无疑打击了孩子的积极性。爸爸要赏识自己的孩子，不要轻易地打击孩子的梦想。

梦想和现实肯定是有差距的，但是没有梦想，孩子就没有前进的动力，也就谈不上成功了。梦想是孩子学习过程中的动力和催化剂，能够激励孩子努力学习，从而取得更好的成绩。

爸爸的鼓励可能会成就孩子的梦想，而爸爸的打击则会动摇孩子的梦想，使其对自己失去信心。所以明智的爸爸要学会保护孩子的梦想，不轻易打击孩子的积极性。

建议二：帮助孩子扬起梦想的风帆

孩子的年龄小，自我意识差，梦想和志向的确立，需要爸爸给予积极的引导和帮助。因此梦想一旦确立，就能够促使孩子在知识的海洋里自觉地乘风破浪。

对于孩子来说，梦想一旦在头脑中构建，就会转化为学习的动力，并且这种动力将会是持久的。梦想可以激励孩子不断地克服前进路上的艰难险阻，成为鼓舞自己的强大精神支持。

爸爸要从小就抓好孩子的理想教育，并且尽量让孩子把梦想定得高远些，这样动力才会更充足。帮助孩子扬起梦想的风帆，既要着眼于孩子的长远发展，又要考虑到孩子的实际情况。

建议三：用成功体验强化孩子的梦想

梦想多数是长远的，因而孩子在追求梦想的过程中肯定会遇到各种问题，意志力不够坚定，在挫折和困难面前容易退缩，放弃自己的梦想，这就需要爸爸抓住一切可能的机会，用不断的成功体验来强化孩子对梦想的追求。

在成功的体验中，孩子会对自己的未来充满信心，对自己产生积极的评价。成就感会帮助他深化对梦想的渴望，孩子也会为了体验更多的愉悦而更加努力地学习。他不再需要爸爸时时督促了。

建议四：教育孩子坚持自己的梦想

梦想不是一朝一夕就能实现的事情，要靠孩子的持之以恒。“三天打鱼，两天晒网”是不会有所成就的。任何能够成功的人，无不是用毅力和执着的精神来坚持自己梦想的人。

但是孩子的自制力普遍较差，往往不能将梦想时刻贯穿于自己的学习中。这就需要爸爸加强对孩子的监督和引导，让孩子意识到梦想对于学习的重要性，从而珍视自己的梦想，让梦想成为学习的驱动力，并主动自觉地为之奋斗。

徐悲鸿之父重视孩子的文化知识学习

徐悲鸿，原名寿康。中国现代美术事业的奠基者，杰出的画家和美术教育家，尤以画马享名于世。自幼随父亲徐达章学习诗文书画，后留日、法，游历西欧诸国，观摩研究西方美术。创作了一批有巨大影响的优秀作品。

徐悲鸿于1895年7月19日出生在江苏省宜兴县屺亭桥镇，父亲为他取名寿康，祈愿他健康长寿。

徐悲鸿的父亲徐达章，是一名民间画师，在当地小有名气。家里挂满了父亲的字画，徐悲鸿自幼就受到父亲的影响，对书画产生了浓厚的兴趣。

徐悲鸿6岁时，开始跟父亲读书，但他对画画更感兴趣，请求父亲教自己画画。父亲有自己的打算，并没有答应儿子的请求。

徐悲鸿抑制不住内心的冲动，他想画一幅能得到父亲赏识的画。有一次，父亲给他讲了《论语》中的勇士卞庄子的故事：春秋时期，鲁国有一个勇士叫卞庄子，他独自一个人擒住了两只大老虎……

徐悲鸿听着听着就开始想，老虎长什么样呢？我要把它画出来。于是，他请一位会画画的人帮他画了一幅老虎的画像，回家后，他照着那幅画一点一点地把老虎描下来。描完后，他把画拿给父亲看。

看过画后，父亲问徐悲鸿画的是什么。徐悲鸿自豪地回答道："是老虎！"父亲故作不解地问："这是老虎吗？怎么看起来像一只狗呀。"

父亲的话让徐悲鸿心里很难受，父亲语重心长地对他说："画画必须用自己的眼睛去观察实物，才能画得传神。你没见过真正的老虎就不可能画出逼真的老虎。”

看着儿子认真地听，父亲接着说出了不教徐悲鸿作画的理由："你现在还小，首先应该勤奋读书，打下扎实的文化根底。只有积累了丰富的文化知识，才算是有了学习绘画的根基。所以，你现在应该刻苦读书，以后再学绘画也不迟。”

听了父亲的话，徐悲鸿明白了父亲的苦心。他不再急于学习作画，而是刻苦学习，勤奋读书。9 岁时，他已经读完了四书五经。

父亲认为孩子有一定的文化功底了，可以教给徐悲鸿绘画知识了，就开始教徐悲鸿临摹。除了教儿子绘画的技巧外，他还告诫儿子：画是生活的浓缩与再现。要想学好画，必须以生活为蓝本，多把眼光投向社会与人生。

有一天，徐悲鸿画了一幅农村庭院的画，父亲回来了，徐悲鸿把做好的画拿给父亲看，请父亲指教，父亲看过画后说："这花草树木画的不错，鸡鸭牛羊画的也不错，可是房子怎么是歪的呀？现实生活中哪有这样的房子？这么危险肯定没有人住。”

看着儿子不好意思的表情，父亲教徐悲鸿怎样画好房子，反复耐心地教儿子，直到徐悲鸿学会为止。

为了能让徐悲鸿更深入地体验生活，获得生活经验，父亲让他画周围的人。并且经常在茶余饭后带徐悲鸿散步，观察周围的人物和环境。有时还带徐悲鸿去游览附近的名山大川，让他在自然中获得创作的材料和灵感。

淳朴的人们和丰富的自然风光都是徐悲鸿描摹的对象，父亲为徐悲鸿的绘画之路打下了坚实的文化基础，在父亲的教导下，徐悲鸿一边学习文化知识，一边练习作画，经过不懈的努力，终于成为一代绘画大师。

名人教子启迪

从徐达章的教子故事中，我们可以看出，文化知识对孩子的成长有多么重要。即使孩子以后并不从事文化研究，也需要有坚实的文化基础。

孩子是未来的希望，孩子的文化知识水平关系到祖国的未来。如今大部分孩子都是独生子女，缺乏吃苦耐劳、勤奋向上的精神，玩性大，潜意识的惰性不断滋生。

而有些孩子因家庭教育不当，学习的自觉性越来越差。大多数孩子是在老师、父母的监督下学习，甚至是在爸爸的皮鞭下学习。

这两种情况使孩子没有求知欲，把学习当作一件不愿做的事，产生了厌学情绪。导致父母如何对待孩子的学习，成了一个重要的问题。

毫无疑问，爸爸应该重视孩子的学习，并且努力让孩子自觉主动地学习。即使不用别人吩咐，不用别人要求也能主动而且出色地去学习，积极主动地去求知。

但是，爸爸重视孩子的文化知识学习，也绝不能给孩子太大的压力，给孩子布置太多的任务，忽视忽略学习的基本规律，结果反而使孩子的学习变得一团糟。

所以，爸爸在帮助孩子学习孩子科学文化知识时，要从内因入手，采用正确、合理的方式方法引导启发孩子，培养其学习兴趣，最终获得很好的文化知识。

专家给父亲的教子建议

建议一：从小注重孩子的文化教育

虽然孩子的许多知识是从学校获取的，爸爸也不能放松对孩子进行文化教育，爸爸要从小给孩子灌输一些基础知识，让孩子对文化有一个大致的接触。

在孩子上学后，爸爸要根据孩子的学习进步，监督孩子的学习，适当地给孩子补充一些课外知识，让孩子以轻松的心态汲取知识。

建议二：了解学习的基本规律

学习必须遵循一定的规律，例如孩子的生理承受能力以及学习兴趣、学习动机等。而不顾学习规律，一味要求孩子用功读书，容易让孩子厌恶学习，当然也难以取得预期的学习效果。

在督促孩子用功读书之前，爸爸应该对学习的基本规律有一定的了解，按照规律指导孩子学习，取得较好的学习效果。

建议三：培养孩子的学习兴趣

越用功的孩子，学习效果不一定越好。但是培养了一定学习兴趣之后的用功，却毫无疑问可以提高孩子的学习效果。

因此，爸爸要求孩子用功之前，不妨先培养孩子的学习兴趣，当兴趣来了，孩子便会积极、主动地用功学习了。

建议四：用信心增加学习的自觉性

孩子一天天长大，通过各方面的教育和培养，学习自然要取得一些成绩，爸爸就利用这些成绩鼓励他。

爸爸可以为孩子做了一本“光荣册”，记载上他获得的一次次荣誉，但同时也告诉他这一切已成为历史，这只说明过去努力了，并不能说明未来。

这样，一方面可以帮助孩子增加自信，另一方面也可以让孩子多想一想以后怎么办，不能骄傲自满，以此来鼓励鞭策孩子，使其不断进步。

丁肇中之父为孩子提供宽松的学习环境

丁肇中，美国科学家，实验物理学家，祖籍山东。现任美国麻省理工学院教授，被美国政府授予洛仑兹奖。1974 年，他发现J粒子，被国际高能物理学界誉为物理发展史上的一个重要里程碑。获得 1976 年诺贝尔物理学奖，成为第一个在诺贝尔颁奖典礼上用中文发表演说的获奖者。

1936 年 1 月 27 日，丁肇中出生在美国密歇根州的安娜堡。丁肇中出身于书香之家，父亲丁观海、母亲王隽英都在大学任教。但丁肇中直到 12 岁才受到正规的教育，因为他出生的年代正是中国战乱的时候。

1946 年，父亲丁观海把丁肇中送到青岛一个德国修女办的天主教学校读书。没有受过正规教育的丁肇中跟不上学校的进度。

但是，父亲并不着急，他根据丁肇中的实际情况为他设置了宽松的学习环境，将科学知识融入日常生活中，用一种轻松的方式向儿子灌输知识。

父亲常常给他讲述关于克斯韦、冯·卡马和其他科学家的生平事迹，以及他们对人类做出的巨大贡献。

丁肇中进入小学学习的时候，时局动荡，战乱频繁，人心惶惶。他所就读的学校是一所大学的附属小学，而他的母亲就是那所大学的校长，丁肇中的老师差不多都是他母亲的学生。

所以，老师们对丁肇中管教并不严厉，丁肇中发觉老师的宽松后就不再认真听课。逃学成了他经常性的行为，他经常去的地方是池塘边和田野。

丁肇中逃学的事终于被父亲发现了，父亲认为，孩子这样放纵下去是没有前途的，必须对孩子进行约束。于是，父亲下班后，利用晚上的时间教丁肇中做功课，还帮助他预习第二天的学习内容。

在父亲的教育下，丁肇中很快把以前没掌握的内容学会了，而且越学越轻松。体会到学习的乐趣后的丁肇中不再跑出去玩了，他常常缠着父亲给他讲一些知识，父亲也从不拒绝他的要求。

上了中学以后，丁肇中对一些科学家产生了很大的兴趣。他最喜欢的是法拉第，父亲告诉他：“法拉第家庭条件非常差，他上学时只能边打工边读书。他在成就上是一个伟大的科学家，在人品上也是一个伟大的人。”

法拉第对丁肇中影响很大，从法拉第的成长中，丁肇中认识到：一个人只要不放弃自己，自强不息，即使是生活在社会底层，也能有所作为。

丁肇中迷恋上了读书，上完课就到台湾大学图书馆读书。学校关门后他就回家读书，他从不让自己的时间白白浪费。他读书很认真，有时为弄清一个问题查阅很多书，花很多时间思考。这些正是父亲潜移默化影响的结果。

中学毕业时，丁肇中被保送到成功大学，但他更愿意参加大学联合考试。当他向父亲说出他的想法的时候，父亲没有反对他的意见。然而自信满满的丁肇中由于英语、国语拖后腿，没有考上中意的学校，只能进成功大学学习。

丁肇中很痛苦，变得萎靡不振。这时候，父亲走过来，给他讲古人战胜挫折的故事。丁肇中明白父亲的用心：只有经得起挫折，并善于在挫折中总结自己缺点的人，才能取得成功。

丁肇中在大学期间学的是机械工程，但是偏爱物理，于是他向父亲提出要改学物理学。父亲知道学习物理是需要天分的，以儿子现在的能力要在物理中有所成就是很不容易的。

他问儿子：“你改学物理有成功的把握吗？”丁肇中坚定地回答：“只要肯埋头苦干，我相信我能成功。”

父亲想了想，同意儿子改学物理。后来丁肇中到美国读书，为了筹集自己的学费，他还得利用业余时间打工。虽然很辛苦，但他依然很努力地学习。

当有人问起丁观海是怎样教育孩子的时候，他只回答一句话：“不管他！”1976年，丁肇中荣获诺贝尔物理奖，他深深感谢父亲对他的教育。

名人教子启迪

孩子的最大特点就是活泼好动，因此宽松的学习环境对孩子的学习影响就更为明显，爸爸要积极为孩子营造一个宽松的学习环境。

孩子的注意力和周围的环境结合得很紧密，他的独立意识还不强烈，所以学习环境的好坏和学习成绩的好坏有千丝万缕的联系。

宽松而良好的学习环境可以使孩子心情愉悦地进行学习，使孩子的学习效果事半功倍，而不好的学习环境，则会影响孩子的正常学习。孩子的注意力得不到很好的集中，学习效果自然会很差。因此，爸爸要努力为孩子营造一个宽松的学习环境。

调查发现，学习成绩不理想的孩子通常不是智力差，而是生活的环境不利于孩子很好地学习。学校环境和家庭环境对孩子的影响都很大，爸爸要让孩子在良好的家庭环境中学习，成绩自然会上升了。

民主、正常、温馨、安静的学习环境，不仅是孩子良好人格形成的基础，也是孩子学习的重要保证。孩子在宽松的学习环境中，保持开朗的情绪，学习效率也会提高。

爸爸要意识到良好的学习环境对孩子的学习具有举足轻重的作用，然后从自身做起，为孩子的学习奠定良好的物质和精神基础。

为孩子营造一个宽松的学习环境，是每位爸爸不可推卸的责任和义务。爸爸要积极地创造自由、宽松的家庭氛围，这会大大提高孩子的学习热情，也有利于完善孩子的思维能力和积极的社交能力。

专家给父亲的教子建议

建议一：营造温馨、和谐的家庭气氛

爸爸和妈妈相亲相爱，家庭温馨和谐，对于培养孩子乐观开朗的性格具有重要意义，是创造良好学习环境的重要方面。

爸爸妈妈之间有争执，要采取适当的方式沟通和协商，不要当着孩子的面吵架。一来吵闹的声音影响孩子学习，二来爸爸的争吵会引起孩子厌学、逃课等一系列情绪反应。长此以往，将严重影响孩子的身心发展。

建议二：形成好学、求知的家庭风气

家庭良好的学习风气，有利于激发孩子的学习兴趣。爸爸热爱学习，经常阅读的行为容易为孩子所模仿，在他年幼的心里留下深刻的印记，养成一生热爱学习的习惯。

爸爸应该为孩子的学习营造一个好学、求知的家庭风气。爸爸平时休息的时候，不要沉迷于各种娱乐活动，而应当多阅读，并有意识地指导孩子进行阅读。

建议三：给孩子安静的学习环境

一个安静的学习环境，对于培养孩子良好的学习习惯具有重要作用。

当孩子在学习时，爸爸尽量不要打扰，为他提供一个安静的学习环境。另外，爸爸还应该教育孩子，要自己维持学习环境的安静，在学习时不要听音乐，不要东张西望，而应该专注、认真。

建议四：帮孩子排除学习的干扰

孩子在学习时，应该尽量避免让孩子受到无关因素的干扰。

爸爸要教育孩子，书桌上不要放与学习无关的物品，这样可以避免受到不必要的干扰；要鼓励孩子把书桌收拾干净、整洁，把文具和书本等摆放整齐，这样能避免需要什么的时候，一时难以找到。反之则既浪费时间，又容易产生厌烦情绪。

叶至善之父提倡理智看待孩子的学习成绩

叶至善，我国著名少儿科普作家，曾任开明书店编辑，是蜚声文坛的著名出版家。著有《失中学的哥哥》《花萼与三叶》《未必佳集》《梦庵》。曾先后参与和领导编辑大型丛书《少年百科丛书》《中国历史小丛书》《儿童自然科学丛书》等。

叶至善于1918年2月24日生于江苏苏州，他的父亲叶圣陶是我国著名作家、教育家。与许多家长把分数当作判断孩子好坏的标准不同，叶圣陶从不这样认为，从他对儿子教育中就能看出来。

叶至善在上小学时学习不好，留过三次级。周围人的看法让他倍感压力，母亲也认为他不争气、没有出息，这对于出身书香门第的叶至善打击很大。但叶圣陶从来不说什么，他不太相信考试的成绩，也不大注重分数。

叶至善从来没有让自己放松，后来，经过努力，他考入一所学风严格、教育严格的省立中学。叶至善在这所学校里读了一年，他学习努力，从不懈怠。然而，在期末考试时又有四门功课不及格。

按照当时学校的规定，成绩不好的学生是不能升入二年级读书的。为此，叶至善非常难过。当叶圣陶得知儿子情况后，他什么也没说。他认为一门功课学得好不好，不能单凭考试成绩衡量，而应该看孩子能不能学以致用终生受益。

叶圣陶明白儿子的心情，也了解儿子的能力。从和儿子的对话中，他感到儿子的语言表达能力并不弱，知识面也不窄。

叶圣陶了解到，叶至善不是笨，而是讨厌死记硬背的东西。而国文和英文在考试中是要默写整段或者整篇文章的，不愿死记硬背的儿子当然吃亏。

他没有责备儿子，只是安慰儿子不要难过。经过多方面考虑，叶圣陶让儿子进了一所私立中学。

这所学校不同于省立中学，除了上课，学生们每天有足够的时间看课外书、唱歌、吹口琴，发展自己的兴趣。进了这所学校，叶至善没有了思想上的压力，人也有了明显的改变，反而对学习越来越有兴趣了。

虽然叶圣陶不看重儿子的分数，但并不等于他不注重儿子知识的学习。他鼓励叶至善在课余时间多阅读课外书，并且为儿子指定了一些必读书目。

叶圣陶喜欢读书，阅读范围广泛。他收藏了很多不同题材的书，鼓励儿子到自己的书架上选择喜欢的书籍。他经常和儿子聊天，问他一些问题，借以锻炼儿子的表达能力。

越来越开朗的叶至善兴趣也越来越广泛，看到儿子每天乐此不疲地读书玩耍，叶圣陶很高兴。他鼓励孩子说："这很好，以后还要多读没有字的书。"儿子有些疑惑地看着叶圣陶。

"这'没有字的书'就是通过观察、实验和思考，向社会和自然学习知识与技能。有用的知识不只是在课堂上，不只是在那些教科书里，还在社会生活中。"叶至善听从父亲的话，除了学好知识，他更多地关注生活，关注社会。

叶至善上高一那年，父亲特意为他买了一架天文望远镜和一台显微镜。在叶至善 22 岁那年，开始跟父亲学习些写作和编辑。

后来，叶至善蜚声文坛。没有人想到，当初曾留过四次级的"笨"孩子能有如此大的成就。不能不说，叶至善的成就与父亲叶圣陶的教育有很大的联系。

叶圣陶没有用世俗的眼光看待自己的儿子，相反，他透过学习成绩看到了儿子真正的能力。

名人教子启迪

传统教育的影响让大多数爸爸以考分来评价孩子，但是孩子的素质不是单纯由分数来体现的。这是一个强调素质教育的时代，只要求孩子考个较高的分数是远远不够的。

从叶圣陶教子的故事中，我们可以看到：叶圣陶无疑是位成功的父亲，他用心去理解孩子，不强迫孩子追求分数，不急功近利，培养了一位蜚声文坛的大家。

素质教育应该从小抓起，从小抓好。早期的素质教育是孩子终生良好发展的基础和前提条件。爸爸应该改变以考分来判断孩子的标准，因为孩子的素质不是单纯由成绩来表现的。

在一个强调素质教育的时代，只要求孩子好好学习争取好考分是远远不够的。成绩只是一个很小的方面，另外还有其他方面的素质需要爸爸的培养。

爸爸要引导孩子看轻考分，注重潜力和能力，逐渐培养孩子对知识的渴望，对学习方法的掌握，对学习态度的端正。

突出传统教育体制的限制，培养孩子适应以能力为主的素质教育，争取让孩子在德智体美劳等方面全面发展。在这方面爸爸应该承担起不容推卸的责任。

专家给父亲的教子建议

建议一：不过分看重孩子的分数

如果爸爸只追求高分数带给自已心理上的愉悦，陶醉于孩子的高分带来的虚荣心的满足中，就会使孩子的学习变得充满功利性，偏离了正常学习的轨道。这对于孩子的身心发展及学习兴趣的提高是有百害而无一利的。

爸爸要从叶圣陶教子中学到：别把分数看得那么重要，成绩的好坏不是单凭考试能衡量出来的，更多值得爸爸考虑的应该是提高孩子的综合素质。

建议二：培养孩子的健全人格

现在相当一部分爸爸，在家庭中对孩子教育随意性大，没有明确的教育目标，想起来就抓一下，想不起来就不抓。

任何一个对社会有贡献的成功者，都有比较好的健全的人格。爸爸应该清楚，未来所需要的人才，首先是有健全人格的人。

拥有健全的人格，才能称得上一个正常的人，才能更好地在社会立足，素质教育和家庭教育的首要任务就是要培养孩子健全的人格。

建议三：教会孩子处世和做人

随着孩子年龄的增长，自我意识也就越来越明显，霸道、小气、不讲信用等问题就会不期而至，此时，对于爸爸来说，教会孩子处事和做人就显得格外必要了。

一个合格的爸爸，绝不仅仅是督促孩子好好学习取得好成绩的爸爸，爸爸应该深谙处事和做人的道理，并在日常生活中有意培养孩子的处事做人能力，让孩子在社会这个大环境中游刃有余。

建议四：注重孩子的全面发展

家庭是孩子生活的第一环境，对孩子良好的道德行为养成起着极为重要的作用，这笔巨大的教育资源应该在孩子的成长过程中发挥极大优势。

爸爸对孩子的教育要重视孩子全面素质的提高。只有全面发展的人，才是社会所需要的人。现在重视对孩子素质教育，其实是在为孩子今后的人生道路扫除障碍。

但是在目前的教育观念影响下，爸爸存在着比较严重的认识与行为脱节的问题，爸爸最关心的还是孩子的学习、分数等问题。

这就需要广大爸爸转变观念，不要过于重视孩子的分数，把目光转到对孩子素质教育上来，社会需要全面发展的人才。

维纳之父教育孩子学习要松弛有度劳逸结合

诺伯特·维纳，美国数学家，控制论的创始人。先后涉足哲学、数学、物理学和工程学，最后转向生物学，均取得了丰硕成果，他一生发表论文240多篇，著作14本。他的主要著作有《控制论》《维纳选集》和《维纳数学论文集》。自传《昔日神童》和《我是一个数学家》。

1894年11月26日维纳出生于美国的哥伦比亚城，父亲是哈佛大学的教授。既是语言学家，又有很高的数学天赋，掌握40多种语言。这位才华横溢的父亲要把儿子培养成一位才华卓著的人才。

维纳自小聪慧过人，2岁时，已经能够识别全部英文字母，3岁半时就能阅读法语。能独立看书的维纳，读书的种类很广泛，但他最喜欢的是科教书。阅读中遇到不懂的问题，他就问父亲。对于儿子的提问，父亲从不轻视，总是耐心讲解，直到儿子满意为止。

在维纳不到4岁的时候，父亲就对他进行数学方面的训练。维纳4岁就能理解复杂的数学运算规则，并能运算分数和小数。

到了上学的年龄，父亲像其他孩子的父亲一样，把维纳送到了附近的一所小学。由于维纳学前的教育，他直接从三年级开始学起。但老师发现，这个孩子没有认真学习。原来学校所教的知识，维纳都学过。

父亲也发现了这个问题，经过反复考虑，他决定让维纳退学由自己亲自教。父亲开始教维纳学习拉丁语和德语，并规定了严厉的考核方式。在父亲的严格要求下，维纳学习非常努力。

父亲注重劳逸结合，在维纳学习的时候严格要求他，但也为维纳创造玩耍的机会。父亲为维纳买了很多的玩具，他尊重儿子爱玩的天性。

父亲有一座农场，经常带维纳到农场里拔草，维纳也喜欢和农场附近的孩子玩。在农场里，维纳获得了真正的自由，父亲一扫往日的严肃，带他在田野里散步。

松弛有度的教育让维纳身心愉悦，在维纳已经6岁半的时候，父亲带维纳到欧洲游玩了一趟。

这次的欧洲之行，维纳尽情地玩乐，见识了不同的风情。在德国，他品尝到了不同风味的巧克力；在伦敦，他乘坐双层公共汽车和小马车到处游街；在奥地利，他享受了特殊的晚餐。

从欧洲旅行回来后，维纳重新投入到紧张的学习中去。父亲为他提供了一个新的房子，房子正面有一间图书室。图书室里有各种各样的藏书，维纳的大部分时间就是在图书室里度过的。

在维纳9岁的时候，父亲把他送到中学学习。上学之后的维纳学习很努力，因为父亲对他的要求更加严格了。每天晚上父亲都会询问他的学习情况，只要维纳说错一个字，父亲就会严厉批评他。

不到12岁，维纳已经学完了初中的课程，提前毕业了，进入高中的维纳学习成绩依然优秀。

在父亲的教育下，维纳在各个领域都有发展，可以说是一个通才。维纳父亲松弛有度的教育方式，成就了维纳的学业。

名人教子启迪

孩子需要掌握的科目很多，知识量大，孩子又处于长身体的关键时期，而且健康的身体是学习的重要保证。所以爸爸培养孩子养成科学作息，学会劳逸结合的作息是必要的。

孩子如果学不会科学作息，劳逸结合，不仅学习效率无法保证，还有可能对孩子的身体造成危害。

不会休息的孩子就不会学习。科学作息，劳逸结合，是保证孩子高效率学习的重要途径，同时也可以减少孩子的脑力消耗。

合理地安排作息时间，学会劳逸结合，能够极大地提高孩子学习的效率。良好的作息习惯不仅使孩子的身心健康得以保证，而且使孩子能够拥有充分的精力去学习和生活，顺利地成长。

爸爸要教育孩子养成合理安排时间的好习惯，科学作息，早睡早起、按时吃饭、睡觉，有规律地生活，养成良好的作息习惯是孩子一生的财富。

很多爸爸不注意培养孩子良好的作息习惯，导致孩子的作息没有规律，影响了孩子的身心健康，学习效率低下。

孩子没有养成良好的作息习惯和周围环境的影响也是有很大关系的。爸爸本身作息不规律，常常通宵打麻将，长时间看电视，就会无形中影响到孩子的作息习惯。

所以，爸爸在教育孩子的时候要从自身做起，采取一些积极的措施，努力培养孩子养成科学作息、劳逸结合的好习惯。

专家给父亲的教子建议

建议一：爸爸养成良好的作息习惯

孩子作息不规律，表面上看是孩子的问题，实质上是爸爸对孩子的教育问题。爸爸要注意自身对孩子的影响，从自身做起，纠正孩子不按时作息的坏习惯。

只有爸爸的行为过关了，孩子的行为才会过关。否则，爸爸本身就做不到的事情，孩子就会以爸爸为例子，也做不好。

由此可见，爸爸对孩子的影响有多么重要。爸爸和孩子之间要制定某些共同的规定，并且要严格执行：晚上按时睡觉，不熬夜，夜间至少要睡 9–10 个小时；早上要按时起床，可以给孩子定个闹钟。

爸爸要早起，给孩子做好的榜样，必要的时候可以叫孩子起来晨练，同时要养成午休的好习惯。

建议二：让孩子养成良好的睡眠习惯

睡眠可以使孩子放松休息，补充体力和脑力，对孩子的身心健康有很大的帮助。良好的睡眠有助于孩子智力的发展。孩子的神经系统正在发育之中，易于疲劳，保证按时睡眠及睡眠时间的充足，孩子才会精力充沛。

爸爸要从孩子小时候起就开始着手培养孩子科学作息的好习惯，但是要根据孩子年龄的不同决定孩子睡觉时间的长短。

一般来说，要让孩子养成晚上早睡的习惯。随着孩子生活领域的拓展，也就难以控制自己的时间，爸爸就要监督孩子的睡眠作息，让孩子从小养成良好的睡眠作息习惯，形成良性循环。

建议三：督促孩子养成早起的习惯

有的孩子因为老师布置的作业多，爸爸又为其安排了很多课余特长培训，致使孩子经常熬夜；有的爸爸喜欢晚睡，孩子也就跟着爸爸熬到半夜，诸如此类的习惯都会影响到孩子第二天的学习。

爸爸要做到让孩子准时睡觉，睡觉前不受刺激，保证孩子的睡眠环境，只有这样，才能保证孩子第二天早起床。有的爸爸以为孩子的睡眠时间越长越好，总是很晚叫孩子起床，这样是不科学的。爸爸要督促孩子养成早起的习惯，早餐前做些简单的健身训练。

建议四：告诉孩子，不会休息就不会学习

不会休息的人就不会学习。很多孩子为了取得较好的成绩一味地苦学，甚至连休息的时间都不放过。这样不但不会取得理想的学习效果，还会影响孩子的智力发育。

劳逸结合对于孩子学习效率的提高具有很大的帮助。爸爸要根据大脑的活动特点，合理开发和利用孩子的脑力资源，使孩子的学习更加高效。

如果孩子出现了过度疲劳，思维不畅、反应迟钝的情况，爸爸就要教育孩子彻底地放松，转移一下紧张的情绪。运动是一种积极的休息方式，孩子可以通过运动改善劳累的状态，提高学习效率。

孩子可以选择适合自己的休息方式，比如可以选择运动、娱乐等各种方式。爸爸要告诉孩子该休息的时间就休息，该学习的时间就好好学习，这样会使学习事半功倍，养成高效率学习的好习惯。

田汉教导孩子自学

田汉，原名寿昌，笔名伯鸿、陈瑜、漱人、汉仙等。是我国著名话剧作家、戏曲作家、电影剧本作家、小说家、诗人、歌词作家、文艺批评家、社会活动家、文艺工作领导者。现代话剧的开拓者和戏曲改革的先驱，中国现代戏剧的奠基人，是中华人民共和国国歌《义勇军进行曲》词作者。写有话剧、歌剧、戏曲、电影剧本一百余部，代表作有《名优之死》《丽人行》《关汉卿》《文成公主》《白蛇传》《西厢记》《谢瑶环》等。

田汉是我国著名的戏剧活动家、剧作家和诗人，是一个充满艺术气息的人。他为孩子营造一个充满童趣的环境，让孩子在轻松的环境里健康成长。

田汉为女儿取名田野，田野小时候聪明活泼，喜欢听父亲讲故事。田汉也喜欢这个古灵精怪的小家伙，喜欢和她开玩笑。

有一次，田汉到外面出差，他很想念可爱的女儿。赶回家的时候已经是晚上11点多了，那时女儿田野已经睡下。田汉没有叫醒女儿，只是站在旁边看了看她就休息去了。第二天一大早，田汉就起床，他轻轻走到女儿跟前，用自己的脸去贴女儿的脸。

女儿被胡子扎醒了，就睁开眼睛。田汉发现女儿的情况，在她睁眼之前就弯腰躲到床下。女儿田野睁开眼睛没有看到日思夜想的父亲，就又把眼睛闭上了。

田汉悄悄地从床下出来，用嘴去吻田野的脸。田野眼睁一看，看到了父亲，连衣服没来得及穿，就一下子跳起来搂住了田汉的脖子。

每天晚饭后全家人围坐在一起讲各种事情是田野最喜欢的。田汉读报为大家讲解国内外形势，他讲得通俗易懂，老人孩子都很爱听。祖母有的时候也讲一段家史，讲了好几遍了，但是大家还是百听不厌。

还有的时候，全家比试唱戏。田汉的拿手好戏是《秦琼卖马》，把秦琼的困境表现得很精彩。女儿也不逊色，她唱的《借东风》虽然稚气，但也别有一番滋味。有时，大家还对某个戏曲展开争论，气氛很是浓厚。

受到父亲和家庭的影响，田野也十分爱好戏剧，她的进步很快。田野的戏剧才能在学校里也得到了老师和同学们的认同，有一段时间，田野常被剧团借去演重要角色。由此经常缺课，耽误了学习。

田汉对女儿的成绩非常着急，他决定亲自监督女儿学习。为了让女儿的成绩快点赶上去，他规定田野每天除了完成学校的作业外，再加写一篇小字、一篇大字和一篇日记。并且严厉规定，如果完不成作业就不能睡。

这样，女儿的学习任务就更重了，学校老师留的作业本来就多，再加上父亲留的作业，她常常要做到晚上甚至半夜才能完成。田汉也没有闲着，他坚持每天为孩子批改作业，不管有多忙也不间断。

他批改女儿的作业十分认真，每一篇都仔细看。他认为好的字和句子就画上红圈圈，鼓励孩子继续努力。

后来女儿的成绩有了进步，他就不再强制要求孩子，而是让女儿自己制订学习计划。田野在自学的过程中，父亲也在陪她学习，常抽出时间给她指点。

后来，田汉把女儿的作业按日期顺序排列起来，把它们分成类，钉成一个个本子，叫田野从头到尾地好好看。

从这些字句中，田野看到了自己的进步。后来她成为一名文艺工作者。她在回忆自己的成长时动情地说："是父亲教我自学立志的，没有父亲的引导就没有现在的我！"

名人教子启迪

自学能力是指孩子在充分了解自己存在的不足后，自觉、主动地学习来弥补自己不足的一种能力。自学能力是每个孩子都必须掌握的一种能力，因为孩子从学校和父母那里得来的知识是非常有限的。

有研究表明，现在知识更新或者增加一倍只需要几年的时间，也就是说，孩子在他的一生之中必须时刻学习，这样才能保证跟上时代和社会的节奏。

孩子自学能力的养成与爸爸的教育态度有很大关系。如果爸爸对孩子过于保护，对孩子的任何事情都亲历亲为，这样孩子就难以养成独立的性格，当然也不会主动、自觉地去发现自己存在的不足，更不会在此基础上努力学习以提高自己。

如果爸爸对孩子采取科学的教育态度，从小培养孩子独立的性格，教会孩子学习的方法和认真反思的习惯，那么他就具备了自学能力所需的基本素质。

信息时代的来临，不仅极大地方便了人们的生活，但同时也对生存在其中的人们提出了更高的要求。

知识更新速度的急剧加快，使得人们适应社会时需要掌握的知识越来越多，而且要求人们时刻保持学习的状态以便接受新的挑战。

在这种情况下，如果没有足够的自学能力，孩子是很难在这个快速发展的社会立足的。自学能力是孩子适应社会必须掌握的一项技能，而且在今天这个社会它显得更为重要。

因此，与其教给孩子更多的知识，倒不如让孩子掌握学习知识的能力，使他能够随时随地根据自己的需要有选择性地进行学习，从而更适应社会和环境的要求。

专家给父亲的教子建议

建议一：激发孩子对知识的渴求

如果一个孩子对知识没有兴趣，他是绝对不可能主动地去学习的。因此，爸爸在教育孩子时应该注意有目的地进行提问引导，创设一定的情景，引起孩子对知识的渴求，从而唤起自学意识。

孩子对学习有了兴趣，才会有主动去寻求知识的动力。因此，爸爸在早期的家庭教育中应该注意激发孩子对知识的渴求，例如给孩子创设疑问或者故事情景，让孩子真正乐于学习和思考。

建议二：教孩子掌握基础的学习技巧

学习技巧是提高孩子自学能力的有力武器。如果孩子不懂得如何学习，那么即使他有自学的兴趣和动力，也不知道该从何处下手。学习技巧可以引导孩子自主、自觉地学习，帮助孩子提高自学能力。

爸爸应该多了解一些常见的学习技巧，有意识地在指导孩子的学习过程中渗透进去，让孩子不知不觉地掌握高效的学习技巧，激发出他对学习的兴趣，提高孩子的自学能力。

同时，爸爸还应该指导孩子根据自己的情况选择不同的学习技巧，不要刻舟求剑，只固定用一种学习技巧。

建议三：教孩子学会使用工具书

工具书是孩子自学的好帮手，因此，爸爸应该及时教孩子学会使用工具书。孩子在学习过程中经常会遇到一些不懂的字、词，如果他懂得使用工具书，那么学习过程就会变得轻松、简单许多。

爸爸应该及早教会孩子使用工具书，因为当孩子学会使用工具书后，自学能力就会得到很大的提高。

建议四：帮孩子克服懒于自学的思想

现在的孩子多少都有点依赖心理，不想自己学习，总希望有人能够直接给出答案。这样懒于自学的思想，几乎每个孩子都有过。

爸爸一定要保持高度的警惕，帮助孩子克服这些不健康的思想，培养孩子良好的自学习惯。

爸爸可以多给孩子讲一些名人自学的故事，让孩子克服懒于自学的思想，养成积极、主动地自学知识的能力。

建议五：检查督促孩子自学

对于孩子自觉学习的行为，爸爸应该多加鼓励，并慢慢促使其养成自觉学习的好习惯。孩子的心智和学习能力都还不太成熟，因此，爸爸应该主动地检查孩子的自学效果，并且给孩子提出适当的建议和意见，以使他的自学能力得到提高。

爸爸应该及时督促孩子学会自学，并养成良好的自学习惯。同时，在孩子的早期自学活动中，爸爸还应该及时检查孩子的学习效果，针对出现的问题提出一些切实可行的建议，让孩子不断地提高自己的自学能力。

蒋筑英教育孩子学习要踏实

蒋筑英，我国著名光学科学家。1956年考入北京大学物理系。1962年，考取著名光学家、长春光机所所长王大珩的研究生，后一直在该所从事光学传递函数研究工作。1965年，他和他的研究小组建立了我国第一台光学传递函数测量装置，并建成了国内第一流的光学检测实验室。

蒋筑英是我国著名的光学家，全国劳动模范。他做事踏实肯干、仔细认真，建立了我国第一台光学传递函数测量装置。

蒋筑英的女儿蒋路平聪明乖巧，很得父亲喜爱。蒋筑英经常给女儿讲故事，他讲得绘声绘色，女儿常常被他逗得哈哈大笑。

女儿路平聪明懂事，但是做事经常马虎大意。她的排名在班里很不稳定，数学成绩不稳定是主要原因。

蒋筑英不明白，为什么女儿的数学分数总是忽高忽低。他找了一个机会，问女儿一些数学方面的知识。女儿回答得很流畅，逻辑也很清楚，应该用什么运算公式也都知道。

有一次，蒋筑英看到女儿的数学试卷，就拿来认真地看了看。他发现，女儿的运算能力和方法运用的都对，但是最后的结果总会出现一些问题。不是小数点的位置点错了，就是多写或少写了一个零。

蒋筑英认为这是女儿学习不踏实，于是他找来女儿，告诉她考试分数低的原因。他希望女儿认真对待，引起女儿的重视。

女儿以为父亲发现了什么重大的问题，听到父亲说自己的分数低只是因为不够认真后，不以为然地说："我知道解答的方法就行了，您说的都是些小错误，没有什么了不起的。"

女儿满不在乎的态度，让蒋筑英意识到问题的严重性。如果女儿不改变这种得过且过的态度，将来她肯定不会有出息的。

蒋筑英一改平时慈祥的态度，严肃地对女儿说："你不要因为这只是一个小数点就忽略了它的重要性。如果一个会计在记账的时候点错或者漏掉一个小数点，你知道会酿成什么样的后果吗？若一个医生给病人开药的时候弄错一个小数点，病人的生命就会有危险！"

女儿愣愣地听着，她不知道一个小数点还有这样的作用。她明白了，在考试中点错一个小数点会丢掉分数，但是在生活中，一个小数点的位置放错了地方，就会出大事。

此后，蒋路平算数学题时就不再马马虎虎，"做事一定要细心、踏实"，父亲的话时时响在耳边。

蒋筑英知道，女儿做事不踏实的毛病不是一两天就能改掉的，有必要对她长期监督。

有一次，蒋筑英获知女儿要参加作文竞赛。他见女儿每天放学完成作业后就跑出去玩，没有为竞赛做任何准备。

他问女儿："听说你要参加作文竞赛，有这回事吗？"女儿骄傲地点了点头。蒋筑英好奇地问："为什么没有见你复习呀？"女儿回答说："我平常学习很好，我有信心考好。"

蒋筑英问女儿，是否知道其他竞争对手的学习情况，女儿想了想摇摇头。蒋筑英叹了口气，说道："你的成绩在你们班级里好，但是，班级外比你学习成绩好的人多得是。你现在不复习，那你又怎么能赢得这次的竞赛呢？"

女儿点点头，蒋筑英说道："不管你平时的成绩多么优秀，一定不要掉以轻心。学习一定要踏踏实实，这样才能成功。"

蒋筑英从小事教育孩子学习要踏实，不能马虎大意。在父亲的教导下，女儿路平改掉了马虎的毛病，踏实学习知识。

名人教子启迪

经常听到爸爸抱怨孩子，这么简单的问题都算错了，你怎么搞的，孩子在一旁辩驳，这道题我会解的，就是当时没看清题目。这是一种典型的马虎现象，而且普遍存在。

这不是智力不够的问题，不是时间紧张的问题，而是不细心马虎的问题。尽管爸爸和老师一再强调做题时要细心一些，然而，实际的教育效果不很理想，孩子在学习、考试的过程中还是经常出现一些“低级错误”。

对于学习不认真马虎的问题，爸爸应该高度重视，现在社会已经步入微观世界，谬之毫厘，差之千里。

爸爸从小就要要求孩子做事认真精确，因为一旦养成马虎的毛病以后很难纠正过来。不要错误地认为孩子大了自然就会好了，实际这只是爸爸的愿望而已。必须经过一些长期的方法加激励性的措施才能见效。

对于孩子是否在学习中存在马虎的问题，爸爸应该在孩子刚入学的时候就留意观察，一旦发现孩子很马虎，就要想办法去纠正。

不要认为这是小事，往往大的错误就是由小事铸成的。特别是马虎也不是小事，不仅仅是学习方面的问题，关系到孩子人格形成的重要方面，如果小的时候掉以轻心，等到长大恐怕无法改变了。

专家给父亲的教子建议

建议一：爸爸不做马大哈

孩子学习马虎说明孩子的注意力不集中，这就需要爸爸多多地引导孩子，只要爸爸的引导工作能够做好，那么孩子学习马虎的问题就可以解决了。要想做到这一点，首先爸爸要以身作则，给孩子树立一个好的榜样。

因为孩子在小的时候无论做什么事情都是以爸爸为榜样的，所以说爸爸做得好坏会直接影响到孩子。在孩子学习的时候爸爸如果有条件应该陪着孩子一起学习，这样孩子看到爸爸认真学习的样子他也就会认真起来了。

爸爸是孩子的第一任老师，而且是时时刻刻都影响孩子行为的老师。爸爸的性格特征也影响着孩子的行为习惯，乃至性格的形成。

爸爸如果平时就丢三落四，做事马马虎虎，孩子也很难做到认真、谨慎。要想培养一个认真谨慎的孩子，请爸爸们也不要做马大哈！

建议二：分析孩子马虎的原因

孩子刚出生就如同一张白纸，具有什么样的性格，很大程度上是周围人和事造成的。孩子学习马虎行为的形成有很多原因，首先爸爸要分析原因是什么，找到原因对症下药，一切就会药到病除。

有的孩子急于赶速度，只顾速度不讲效率，做一百道题用半小时结果错了一半，这样没有任何意义。有的孩子是缺乏责任意识，做事就会马马虎虎。

遇到这种情况，爸爸就要让孩子树立责任感，要做就要尽量做好。

建议三：用游戏培养孩子专注的习惯

学习马虎多数是由于没有集中注意力引起的，孩子由于自控能力差，在做这件事的同时脑子可能已经跑到别的上面去了。

专注是马虎的克星，只有把精力完全集中在一点上，才可能把事情做好，要克服马虎的毛病，一定要注意引导孩子在学习的时候完全把心放在上面。

孩子都喜欢玩游戏，在玩游戏的过程中孩子会非常集中注意力，玩一些拼图、积木之类的游戏，在玩的过程中孩子会比较专注，这样可以有效地改善孩子马虎的毛病。

建议四：帮孩子克服学习时的浮躁心态

孩子的耐心一般都比较差，注意力集中时间短，做一件事情时间一久就开始浮躁，浮躁的结果是想尽快完成任务，可能马马虎虎潦潦草草对付作业。

浮躁情绪在一定的情况下是一种正常的反应，大人有时候对连续地长时间做一件事情也会感到浮躁，爸爸帮孩子调整浮躁情绪。

爸爸可以让孩子在学习过程中学会根据大脑活动规律，不要一味长时间看一门课程，应该文理结合，读写结合，交叉学习。

通过这个方法在孩子还没开始浮躁之前就换另一种思维，容易减少疲劳，调节情绪，把浮躁的心态消灭在萌芽状态。

建议五：培养孩子认真负责的学习态度

责任心是把事情做好的基础，也是克服马虎最有力的武器。培养孩子的责任心，是爸爸省心最有效的途径。孩子对自己的事负责了，爸爸就少了担心和操心。爸爸可以通过生活中的小事培养孩子的责任心。

杨慎之父提倡让孩子在书香中成长

杨慎，字用修，号升庵。明代文学家、政治家，明代三大才子之一。明武宗正德六年，中辛未科殿试一甲第一名，授翰林院修撰。他学识渊博，其作品体裁丰富，兼及文章、诗词及散曲，著作达百余种。著作有《升庵集》《江陵别内》《宝井篇》《滇池涸》等。

公元1488年，杨慎出生于一个官宦之家，从他曾祖父起，四世为京官；从他祖父起，三世六进士。父亲杨廷和是明朝的三朝老臣、内阁首辅，可以说杨廷和是一人之下、万人之上。

出身相门的杨慎没有一般纨绔子弟的习气，反而博学多识，这与父亲严格的教育是分不开的。

杨慎自幼聪颖、悟性高，一般的私塾老师应付不来，于是父亲亲自对他进行教导。在杨慎4岁的时候，父亲教授他《尚书》，让他学习中国古代历史。

在杨慎8岁时，为了扩大他的接触面，父亲杨廷和为杨慎请了一位老师，让他学习五经诗赋，但并不放弃对儿子的亲身教育。聪明的杨慎日诵万言而不知疲惫，学习进度很快，当时的人称他为“神童”。

看到儿子这么聪明，杨廷和更加抓紧对儿子的教育。他抓住每一个机会对儿子进行监督和教导。

有一次，杨廷和与他的弟弟欣赏画，杨慎也陪在旁边。看着杨慎认真观画的样子，长辈们打算考考他。

于是，杨慎的叔父问他："景之美者，人曰似画；画之佳者，人曰似真，孰为正？"要求他写一首诗加以说明。

叔父和父亲相视一笑，以为杨慎会思考一下。没想到，杨慎略一皱眉，张口答道："会心山水真如画，名手丹青画似真；梦觉难分列御寇，应形相赠晋诗人。"父亲和叔父都很惊讶。

在杨慎 12 岁，正是翩翩少年时，创作了《古战场文》。诗中写出了"青楼断红粉之魂，白日照翠台之古"的名句，让当时的人大为惊叹。

杨慎 13 岁时，跟随父亲入京师。经过陕西时，杨慎感叹历史上的人、事，诗兴大发，写成《过渭城》《马嵬坡》《黄叶》等诗，他的《黄叶诗》轰动京城。文渊阁大学士兼礼部尚书李东阳"见而嗟赏，令受业门下"，并称杨慎为"小友"。

杨慎第一次参加会试，主考官王鏊、梁储已把他的考卷列为第一。不料出现了意外，烛火落下，把他的卷子焚为灰烬，致使他名落孙山。

遇到这种变故，杨慎没有灰心，三年后再赴京城。明武宗当殿自拟试题："创业以武，守成以文。"杨慎凭借其深厚的知识，获得殿试第一，考中状元，授翰林院修撰。

杨廷和在 64 岁的时候因为大议礼的事申请辞官，获得了皇上的批准。当时的杨慎很不理解，后来遭遇官场变故和父亲的去世，当他面对父亲的灵柩，杨慎突然一下子就理解了父亲。

自古以来，在政治权力的角逐中，不管曾经取得过多大的成就，最终都会成为政治斗争的牺牲品，难得善终。

一切的争斗，所有的荣华富贵、个人的恩怨宠辱最终都会化为尘土。父亲能够急流勇退，因此他获得了善终。

理解了父亲的杨慎，找到了自己的人生定位。从此游历于山水之间，专心致学。那首大家耳熟能详的《临江仙》就是他看透一切后的作品：

滚滚长江东逝水，浪花淘尽英雄。是非成败转头空。青山依旧在，几度夕阳红。白发渔樵江渚上，惯看秋月春风。一壶浊酒喜相逢。古今多少事，都付笑谈中。

名人教子启迪

读书对于孩子的成长是非常重要的。苏联教育家苏霍姆林斯基指出:“一个孩子不思进取,往往是由于他没有读过一本好书。”

他语重心长、不厌其烦地告诫人们:“你应该像寻找宝石一样去寻找那些关于杰出人物生平和斗争事迹的书籍,而且要把这一类书放到书柜最明显的位置上。”

阅读不能改变人生的长度,但可以拓展人生的宽度;阅读不能改变人生的起点,却可以定位人生的方向。孩子的成长离不开书籍。让孩子读一本好书,或许就改变了孩子的命运。

我国是文明之邦。在悠久的历史长河中,涌现了无数哲学、文学、医药乃至天文地理等方面的大家,他们都为后人树立了爱书、读书、用书的光辉典范。

无数的事例证明:读书对孩子有诸多好处,能有效地帮助孩子成长:

第一,读书净化孩子的灵魂。经常读书的人,就会发现自己心灵的缺陷和不足,从而不断改变自我。凡是读书多的孩子,其视野必然开阔,其精神必然充实,其志向必然高远,其追求必然执着。

第二,读书教会孩子思考。经常读书的孩子会思考,知道怎样才能想出办法。他智商比较高,能够把无序而纷乱的世界理出头绪,抓住根本和要害,从而提出解决问题的方法。

这些,都是平时不读书的孩子所欠缺的。他从来不会乱说话,言必有据,每一个结论会通过合理的推导得出,而不会人云亦云、信口雌黄。

第三,读书给孩子人生进取的力量。通过读书,孩子可以站到更高的人生境界,体验人类的高尚精神,从而在挫折和困惑的时候,给以自己无穷的前进力量。因此,爸爸一定要孩子从小爱上读书。

专家给父亲的教子建议

建议一:培养孩子广泛的阅读兴趣

有的爸爸会有这样的疑惑:小孩学什么才有用?读这本书“有用”吗?

这就从读书的观念上走入了误区。

许多成就斐然的人，都是好读杂书的人，几乎碰到什么书都读，藏的书也是种类纷繁庞杂。有些书他们会重复去读，像唐诗、《红楼梦》、梭罗的《湖滨散记》、狄金逊的诗或莎士比亚十四行诗等。

还有很多时候读工具书，在他们看来，编得好的工具书，不管是字典、辞书还是各类百科，都是非常迷人的读物。

因此，爸爸应该培养孩子广泛的阅读兴趣，让他以后成为一个有趣而且思维开阔的人。

建议二：营造良好的阅读环境

读书是优秀孩子的共同爱好。要使孩子爱上读书，爸爸应创造一个书香浓郁的家庭环境，在这样的环境中，孩子自然会养成爱读书的好习惯。

营造一个丰富的阅读环境，处处有书，让孩子可随处看到、拿到书，孩子没事做，自然就会去阅读。

爸爸要把书放在孩子随手可拿到的地方，且要有固定地方让孩子放书，如单独的书柜或家庭书柜的下面几层。只要不影响起居，厨房橱柜也可安排空间。

如果孩子有自己的房间或家里有足够的空间，安排一个干净、安静的角落放置书柜或书箱，有充足的光线、舒服的椅垫及小椅子，让孩子觉得那儿就是看书的地方，只要想看书，就会去那儿。

建议三：为孩子选合适的书

不同年龄的孩子情况不同，所以阅读要分年龄。爸爸要学会根据孩子的年龄段来为孩子选择书籍：小学低年级孩子能够独立阅读的书籍有两个主要特征：一是以图画为主；一是在文字上面标有汉语拼音。

这时孩子阅读脱离了母亲的帮助，但识字量有限，所以常常依靠图画和汉语拼音来认识文字、理解书籍的内容。

小学中年级是孩子阅读的重要转折时期，这时随着孩子识字量的增加、知识经验的增加以及思维能力的发展，他们具有了阅读字书的条件。从这个时期起，他们喜欢阅读的书籍图画越来越少，拼音越来越少，而文字越来越多，文字所含的思想内容也越来越丰富。随着孩子心理发展水平的提高和阅读经验的积累，小学高年级的孩子阅读范围逐渐扩大，阅读内容也由浅入深。

到了初高中，此时的阅读选择就会变得越来越丰富。孩子的理解能力已相对成熟，社会经验和知识的积累也达到一定水平，因此几乎有能力阅读所有的作品。

孩子不仅需要了解、学习外部行为规范，还需要理解社会的价值观念，而这些通常都可以通过阅读来获得。

第七章

身心健康是保障孩子成长的基础

孙思邈之父关心孩子的身体健康

孙思邈，唐朝京兆华原人，唐代医学家，被后世尊为“药王”。是著名的医师与道士，是中国乃至世界的伟大医学家和药物学家，史上誉称为“医神”“药王”。他总结了唐朝以前的临床经验和医学理论，收集方药、针灸等内容，著有《千金方》《千金翼方》。

孙思邈出生在一个贫困的家庭，父亲是一个木匠，在孙思邈7岁时得了目病(现在称夜盲症)，母亲患了粗脖子病。为了减轻父母的痛苦，孙思邈立志要学医。

孙思邈从小聪明过人，7岁时读书，能日诵千言。有一天，一位私塾先生路过他家门口，听到朗朗的读书声，走进院问孙思邈读的是什么，孙思邈回答说：“有朋自远方来，不亦乐乎。”先生说：“你在背《论语》？”

孙思邈告诉先生，他还会读《大学》，说着用手做动作，踱着方步比划着说：“大学之道，在明明德，在亲民，在止于至善。”

孙思邈的声音动作逗得老先生哈哈大笑，老先生摸着胡子道：“关关雎鸠，在河之洲，窈窕淑女，君子好逑。”

孙思邈歪着头说:“您那是《诗经》里的,俺不喜欢。”老先生惊叹道:“你此生的志向在于明理，百姓将有福气了。”

私塾先生对孙思邈的父亲说：“思邈很有天赋，应该上学。”未料，孙思邈之父却说：“因思邈多年有病，恐怕难以成材。”

孙思邈的好学和体弱多病，让父亲既欣慰又担心。看到孙思邈生病却还坚持读书时，父亲就劝儿子：“孩子，你读书上进，父母很为你高兴。但是病成这样，只是书读得再多又有什么用？你自小立志学医，可是自己的性命都难以保全，又如何去救治别人？”

父亲的一席话让孙思邈醒悟了，他明白了强壮的身体是很重要的，要想帮助别人，自己必须要有一个强健的身体。于是，他决定劳逸结合，在读书的同时也注意休息和锻炼。就这样，几年后，他的身体开始恢复。

一天，磐玉山的陈伯请孙思邈的父亲去为他做药框，孙思邈为了帮父亲做些杂活，跟随着父亲一起来到陈家。

父亲在凳子上拉着上锯，孙思邈在地上拉着下锯，一上一下，慢慢地解着木板。父亲看着孙思邈带劲的样子，心里很高兴，认为孩子将来一定是一个好木匠，随口问孙思邈：“你长大了想干啥呀？”孙思邈用带着稚气的童声说：“我长大了要当医生。”

父亲不解地问：“为什么要学医呀？”孙思邈接着说：“我要把父亲的‘雀盲眼’和母亲‘大脖子病’治好，把咱们村所有人的病都治好。”

刚从屋里出来的陈伯听到孙思邈的话，很和蔼地对孙思邈说：“你想学医，那得懂药，来，孩子，老伯那屋里有好多药啊。”孙思邈跟着陈伯进屋看到好多药，他好奇地问了很多问题，陈伯不厌其烦地回答他的问题。

从此以后，孙思邈便经常到陈伯家来，帮着他上山采药、晒药、拣药，有时还看炮制药。在陈伯那里，孙思邈学到了很多医药知识，为他以后的从医之路奠定了基础。

20岁时，孙思邈已经学识渊博，博古通今。为了医治更多的人，孙思邈四方求医，搜集了大量的民间偏方、秘方，编写成了《千金方》《养生歌》等。

孙思邈在父亲的指导下，注重养生，活了一百多岁。

名人教子启迪

健康的身体是孩子正常学习和活动的前提，也是爸爸首要关心的问题。眼下，生活越来越好，孩子的衣、食、住、行在经济上都没有问题，但却出现了另外令人担忧的现象。

由于有的爸爸缺乏科学的健康知识，孩子的饮食结构、生活方式等都出现了误区，影响了孩子正常的生长发育，最明显的标志，就是肥胖、过瘦、近视眼的孩子越来越多。

中国学生营养与健康促进会发布的一份报告指出，我国有1200万超重肥胖的儿童少年，全世界1.55亿超重肥胖儿童少年中，每13个里就有一个是中国儿童少年。

不健康的饮食行为是引起孩子肥胖的主要原因。不吃早餐、经常吃西式快餐、经常喝含糖饮料、身体活动减少等，是儿童发生肥胖的主要危险因素。

孩子肥胖会埋下高血压、高血脂、高血糖的隐患，太瘦的孩子胸廓及胸腔内的脏器如心脏、纵隔、肺脏的发育质量不好，严重的还形成缺铁性贫血、佝偻病、缺锌等病症。

虽然肥胖和过瘦的孩子在形式上是两个极端，但原因却有相同之处，即膳食结构不合理，偏食、挑食、吃零食过多，营养不全面、不平衡，缺乏锻炼等。

同时，青少年患近视的人数也在增加。每逢假期或者周末，到各大医院、眼镜店去配眼镜的孩子明显增多，医生感叹："现在孩子开始戴眼镜的年龄越来越小，镜片越戴越厚。"

导致近视的因素有很多，但最主要的原因是用眼不当。医学专家说，长时间看近物引起眼睛睫状肌紧张，是造成近视的罪魁祸首，如孩子学习时不正确的坐姿、长时间看电视、玩电脑游戏等。

因此，预防近视的关键是及时放松眼睛，让眼睛望远。适当的户外活动，能让孩子在寻觅、追逐的过程中，调节视野，变换焦距，对恢复眼疲劳大有好处。

因此，爸爸要向孙思邈的父亲学习，从小培养孩子均衡膳食、积极锻炼、劳逸结合的科学生活方式，让孩子拥有健康的体魄，为搞好学习和工作奠定基础。

专家给父亲的教子建议

建议一：一定要让孩子吃好早餐

孩子正处于生长发育高峰期，"一日之餐在于晨"，一份结构合理、有营养的早餐，对孩子来说，不仅关系到生长发育，还会影响到学业发展。

科学的早餐，应包含5类食物：粮食、动物性食品、奶类、蔬菜和水果等。如果只含其中的3类，营养质量为一般；只含其中1~2类的早餐，营养质量较差。

如果不吃早餐或早餐马虎，不到午饭时间，孩子就会饥肠辘辘，导致大脑兴奋性降低，反应迟钝，上课注意力不集中。

研究表明，早餐进食量充足、营养配比合理的孩子，在运算能力、想象能力、创造能力以及身体素质等各方面的表现，都要优于早餐质量差的孩子。

早餐吃好了，不仅对孩子生长发育大有好处，而且还会使孩子精力充沛，学习效率大大提高。

建议二：培养孩子科学的饮食习惯

爸爸要注意保证孩子饮食平衡，素食和荤食相结合，纠正孩子偏食的毛病，但也不要盲目地给孩子补充营养。

如果补充不当，不但不利于孩子成长，还容易造成孩子某种营养素摄入过多，导致营养素之间的比例失调，而形成疾病。因此，爸爸要先了解孩子身体的状况，并在医生的指导下，给孩子补充营养。

爸爸要尽量让孩子少吃垃圾食品。西式快餐是高热量、高脂肪和低纤维素的食物，经常吃快餐会对孩子健康带来不好的影响，爸爸要帮助孩子掌握一定的度。

此外，还要杜绝孩子不良的进食习惯，如喜欢边看书边吃饭、边吃饭边看电视、听录音，有时还打电话、玩玩具等。这样声、光、景、情一齐刺激大脑，会引起消化液分泌减少，消化吸收能力降低，同样造成孩子营养不良。

建议三：养成孩子良好的生活习惯

爸爸要关注孩子的卫生健康。如督促孩子勤洗澡、勤换衣，饭前、便后要洗手，指甲长了就得剪等，若有病及时陪同去医院就医，督促孩子养成良好的个人卫生习惯。爸爸也要给孩子创造一个干净整洁的家庭环境，常开窗，透阳光，通空气。

培养孩子规律的作息习惯。让孩子按时作息，规律生活，保证充足的睡眠时间。

培养孩子良好的学习习惯。学习时避免各种干扰，注意力集中。保持正确的坐姿和书写姿势，劳逸结合，避免眼睛近视和脊柱弯曲。

建议四：让孩子坚持科学的运动习惯

在希腊体育圣地奥林匹克山上，刻着一句千古名言："你想得到健康吗？就去跑步吧；你想得到聪明吗？就去跑步吧。"

爸爸要让孩子养成科学运动的习惯，因为适当运动既可预防近视，又可改善体型，使孩子拥有健康的体魄、充沛的精力、聪明的大脑。

进行体育锻炼要讲究科学。开始时要避免剧烈运动的项目，如长跑、踢足球、打篮球等，因为这些运动消耗能量较多，不利于孩子肌肉、骨骼的增长，也无法慢慢扩大胸廓。

应该以平衡性、敏捷性、柔软性和灵巧性的运动为主，如短跑、游戏、游泳、骑自行车、打乒乓球等。体操、网球也是很好的运动项目。

无论什么样的活动，每天都要让孩子坚持进行至少半小时。当孩子的体型、力量、速度得到改善，并随年龄增长后，就可以参加其他大运动量的运动，如打篮球、踢足球、长跑等。

麦克阿瑟之父给孩子一颗勇敢的心

道格拉斯·麦克阿瑟，美国著名军事家，五星级上将。1903年，麦克阿瑟以西点军校第一名的成绩毕业，他的成绩是西点军校创办一百年来最好的。1919年被任命为美国西点军校校长，是美国陆军史上最年轻的西点军校校长。1944年，因为战功卓著，晋升为五星上将。1945年主持接受日本投降，随即受任为驻日盟军最高司令。1950至1951年统帅“联合国军”投入朝鲜战争。1951年由于美军在战场失利，被美国总统杜鲁门解除指挥职务，后退役转入实业界，1964年逝于华盛顿。

1880年1月26日，麦克阿瑟出生在美国阿肯色州小石城的军人家庭。他的父亲老阿瑟·麦克阿瑟是美国陆军中将，是一个勇敢的军人，其果敢的作风深深地影响了儿子道格拉斯·麦克阿瑟。

为了让儿子有中世纪勇士的精神，在圣诞夜前夕，老麦克阿瑟曾花费两个晚上的时间，亲自为儿子制做了一把漂亮的木剑。麦克阿瑟十分喜欢这把木剑，常常把它带在身边。

很多年后，他还对朋友说起这把木剑，他说：“它使我兴奋不已。挥舞着它，仿佛自己成了一名骑士，它让我勇往直前。”

有一天，麦克阿瑟拿着木剑跟着父亲出去打猎。他想象着自己穿梭在千军万马中，挥舞着手中的剑奋勇杀敌。

突然，从树林中窜出一只豹子，咆哮着冲麦克阿瑟奔来。麦克阿瑟吓呆了，等他反应过来，赶紧跑到父亲的身后，紧紧抱着父亲。由于害怕，他把木剑掉在了地上。

只见父亲举起枪对着豹子旁边开了一枪，受到惊吓的豹子逃跑了。麦克阿瑟怯生生地从父亲的背后走出来，望着豹子逃跑的方向。

父亲生气地对麦克阿瑟说："孩子，你要勇敢，做一个真正的男子汉！记住，你是军人的儿子！"说完，父亲捡起木剑递给儿子。

这件事让麦克阿瑟受到很大的教育，他想成为一个真正的勇士。后来，他一有机会就锻炼自己的胆量。

在一天傍晚，麦克阿瑟和表弟在父亲所在的军营旁边的火车站附近玩耍，一辆疾驰而来的列车停在了他们面前。为了显示自己的勇敢，麦克阿瑟带着表弟从火车下面爬到了对面。刚刚爬过去，火车长鸣一声就启动了。

麦克阿瑟的母亲被吓得当场晕了过去，父亲知道情况后惊喜交加。他想或许儿子真的可以成为一个勇敢的军人。于是，他鼓励儿子参军。

晚年的麦克阿瑟曾回忆说："我最早的记忆就是军号声！而这一切，都是我的父亲给我的。我的父亲不仅给予我生命，而且给予我一生的职业道路。"

1899 年，麦克阿瑟以优异的成绩考入美国西点军校。他的成绩是西点军校创办一百年以来最好的，总平均成绩超过 98 分。

在校期间，他除了刻苦学习，还不忘体育锻炼。4 年之后以全班第一名的成绩毕业，赴菲律宾任美军第 3 工兵营少尉。

1905 年，麦克阿瑟随父从事情报工作。第二年，成为美国陆军工兵学校学员，兼任罗斯福总统的军事副官。1908 年，调任工兵营连长，因为训练有方而晋升为营部副官。1915 年晋升为少校。1916 年，调任陆军部长贝克的副官。

麦克阿瑟以出色的战绩，创造了美国历史上多个第一。他的成就源于他的勇敢，而他的勇敢又与父亲对他的培养是分不开的。

名人教子启迪

勇敢是一种品格，生活、学习中不仅需要孩子用勇敢的精神去克服各种困难，而且在以后的工作中也要以勇敢的心去获得事业的成功。所谓勇敢，是遇到困难、挫折时不退缩，而是勇敢接受，努力去克服困难。

现在的很多孩子都不够勇敢，遇到苦难时首先想到的是逃避，而不是积极地采取措施去克服。胆小是孩子的性格缺陷，胆小的孩子一般意志薄弱、缺乏自信、不能以积极的态度面对挑战，经不起困难和挫折，难以取得成功。

造成孩子胆小怕事的原因很多：有的爸爸本身就不够勇敢，使得孩子效仿；爸爸过分溺爱孩子，孩子的事情一手包办，孩子得不到锻炼胆量的机会；爸爸经常打骂孩子，挫伤孩子的自尊心和自信心，使得孩子不敢勇敢地表现自己。

爸爸要意识到这种危害，但是培养孩子勇敢的性格不是一朝一夕的事情，找到孩子胆小怕事的原因，然后对症下药，而不要一味地责怪孩子，有了爸爸的关爱和鼓励，孩子会快速地变得勇敢起来。

勇敢的孩子敢于逆势而行，敢于冒险，也就更容易成功。平庸的孩子不会体验到成功的快乐。面对没有勇气的孩子，爸爸要像麦克阿瑟的父亲一样，督促孩子做一个勇敢的人。

爸爸要在日常生活中锻炼孩子的勇气，使孩子变得坚强，有足够的能力去应付未来人生道路上的困难和挫折。

专家给父亲的教子建议

建议一：爸爸要给孩子做勇敢的表率

很多时候，孩子不够勇敢只是爸爸认为的不勇敢，孩子碰到困难和挫折时，往往无法忍受的是爸爸表现出来的胆小。

孩子摔倒了就鼓励他勇敢地爬起来，如果爸爸惊慌失措，即使摔得不重，孩子看到爸爸的反应也会哭个不停。

因此，爸爸要做孩子的表率，不可感情用事，要用自己的勇敢来帮助孩子克服困难。勇敢的爸爸才会培养出勇敢的孩子，胆小的爸爸只能造就胆小的孩子。

建议二：及时夸奖孩子的勇敢行为

性格懦弱的孩子偶尔勇敢一次本身就是一件难得的事情。当胆小的孩子取得一点小进步时，爸爸就要及时对孩子的行为进行鼓励。

爸爸要尽力去评价孩子做得好的方面，而不要随意否定孩子的努力，但也不可夸大事实滋生孩子的骄傲情绪。

被爸爸夸奖的孩子在以后的学习、生活中会表现得更加勇敢。爸爸要赏识自己的孩子，关注他鼓励他，让他不断地积累勇敢的意识。

建议三：通过游戏锻炼孩子的胆量

懦弱的孩子往往缺乏与人交际的能力，不善于表现自己，适应社会的能力较差，也就谈不上勇敢了。游戏对孩子的身体和智力发展都是大有裨益。

游戏是孩子热衷的活动，在玩游戏的过程中，孩子自己会克服很多困难，爸爸不要急于帮助孩子解决困难，而要耐心地等孩子自己战胜困难。这样既能培养孩子的动手能力，还锻炼了孩子的意志力和勇气。

建议四：让孩子分清勇敢和鲁莽的区别

爸爸要教育孩子认识到什么是勇敢，然后才能学会勇敢。对孩子来说，勇敢的最高境界是先保护自己，然后通过合理的手段去感化他人，让他人屏弃危害社会的行为习惯。

否则，勇敢给人的感觉便会是鲁莽。逞强的血气之勇，无视法律的江湖义气之勇，绝不是真正的勇敢。爸爸要鼓励孩子多结交勇敢的志趣相同的朋友，在与朋友的交往中培养自己的勇敢性格。

建议五：帮助孩子克服胆怯

孩子的胆怯来自对事物认识不足，了解了事实，鼓足勇气迈出勇敢的第一步就会逐渐摆脱胆怯，变得勇敢。

胆怯是孩子的性格缺陷，胆怯的孩子意志薄弱、缺乏自信、经不起困难和挫折，爸爸要耐心地为孩子讲道理，将胆怯的意识驱逐出孩子的头脑。

同时，爸爸要有意识地锻炼孩子，帮助孩子改变胆怯的性格，培养勇敢的品质。

王树声教育孩子要宽容

王树声，原名王宏信。无产阶级革命家、杰出的军事家，中国人民解放军高级将领。曾担任红四方面军副总指挥、红军西路副总指挥、晋冀豫军区副司令员等。英勇善战，战功显赫，为创建鄂豫皖、川陕革命根据地和红四方面军建立了不朽的功勋。1955 年被授予大将军衔。

王树声是我国老一辈无产阶级革命家，是新中国十大将之一。他作战英勇，为新中国立下了赫赫战功。王树声待人宽和，他教育子女要宽以待人，不要揪住别人的错误不放。

王树声有三个儿子一个女儿，长子王鲁光出生在山东沂蒙山区，所以以“鲁光”为名。儿子鲁光学习成绩优异，毕业于清华大学，1970 年参军。然而两年后即将结婚的王鲁光却发生了车祸。

1972 年的冬天，王鲁光匆匆骑车上班。刚刚出大院，就被疾驰而过的无轨电车擦倒。由于没来得及刹车，电车又把他挤在路的一边。

人们急忙把王鲁光送往医院，王树声得知儿子出车祸的消息时，王鲁光已经在解放军总医院的抢救室里。王树声赶到医院，看到儿子的惨状，十分悲痛。但是他强忍着不让儿子看出来。

王树声一迈出抢救室，顿时潸然泪下，念道：“鲁光这孩子苦哇！”要知道，王树声大将在战场上英勇善战、铁骨铮铮，从不轻易掉眼泪。他比儿子还要悲痛。

繁忙的王树声很少有时间去医院看望儿子，只要稍有闲暇，他就奔赴医院探望躺在病床山上的儿子。

由于受伤严重，王鲁光不得不接受截肢，这就意味着他以后的生活离不开床了。看着高位截瘫的儿子，王树声心中悲痛不已。

为了让儿子和家人放心，他很快调整好情绪，鼓励儿子不要放弃对生活的希望，要勇敢坚强地和残疾做斗争，意志消沉的儿子轻轻地点点头。

除了担心儿子的身体，王树声更担心年轻气盛的儿子不放过肇事司机。他反复劝说儿子要放宽心胸，得饶人处且饶人。

他告诉儿子，作为干部家庭的子女，对待人和事就应该站得高些，目光要看得远一些，应该比普通人家承受更多、忍受更多。无论在任何时候、任何情况下，都要想着百姓的安危，体会百姓的冷暖。

他说，那个撞人的司机应该受到惩罚，可是他也是老百姓的后代。他的父母把他养大也不容易，比起干部的家庭，要付出更多的艰辛。

儿子的表情也为之动容，他不是不了解劳动人民的辛苦。他知道父母养大一个孩子的辛劳，可是自己现在却因为一场车祸躺在床上。

王树声叹息道，一场车祸已经让儿子鲁光高位截瘫了，造成了家庭的悲剧。难道还要造成另一个家庭的悲剧吗？

鲁光想了很多，父亲语重心长的话语让他平静了很多。他本不是一个心胸狭窄的人，听了父亲的话，他感到心胸宽阔了很多。

他告诉父亲，他会面对现实，勇敢地生活。看着儿子年轻的脸，王树声悲喜交加。

车队的领导知道出了车祸后，前来看望，他们有所顾虑地走进病房。王树声接待了他们，并饱含深情地说："请转告给司机，饭还是要吃的，好好吸取这个教训就行了。"

人们很难相信这样的话出自受害者的父亲之口，他们看到的是一个宽宏大量的共和国将军，一位慈父。

名人教子启迪

宽容是一种美德，是一种风度和境界。宽容能使人性情和蔼，能使心灵有回旋的余地，能使人消除许多无谓的矛盾，化干戈为玉帛。

宽容的人，时时处处都会受到人们的拥戴，因为他能够处理好各种人际关系，能够很快地适应各种不同的环境，能够融洽地与人合作，充分发挥自己的潜能。

我国古代许多伟人都很重视宽容的品质。如孔子曾说，一个真正的人要有宽容、恭敬、诚信、灵敏、慷慨等五德，他把宽容放在五德之首。

先哲庄子说，圣人应有包容天地，遍及天下的宽阔胸怀。近代民族英雄林则徐指出，“海纳百川，有容乃大”，一个人善于宽容，他的人格才会像海一样伟大。

今天的社会更具有组织性和开放性，这就更需要人们具有宽容的品质。在一个组织性强、生产社会化程度高的社会里，社会进步与个人事业的成功更需要人们相互合作，而合作要以宽容为基础。

另外，现在的社会也更具有开放性。社会变化加速，新生事物层出不穷，社会价值取向出现了多元化的趋势，人们的个性也更加鲜明。

在这种情况下，一个人只有具备宽容的品质，他才敢接受变革，接纳新生事物，才能容忍多元化的价值取向和人们的独特个性。

孩子的宽容心也是一种非常珍贵的感情，它主要表现为对别人过错的原谅。宽容心对于孩子个性的发展，以及良好人际关系的建立，都有着非常重要的意义。

富有宽容心的孩子往往心地善良，性情温和，惹人喜爱，受人拥护。鲁光在父亲的劝解下，最终原谅了肇事司机，这也让他的内心不再受怨恨的煎熬。

因此，爸爸要教孩子学会宽容，为孩子更好地学习、工作、生活打好基础。

专家给父亲的教子建议

建议一：爸爸要心胸宽广、以身示教

教育家马卡连柯曾指出，爸爸“在开始教育自己的子女之前，首先应当检点自身行为”。爸爸让孩子学会宽容，首先自己应有宽容的品质。

如果爸爸本人心胸狭窄，无视他人的意见，习惯于将自己的意志强加于人，不给人改错的机会，为一点小事争执不休，为一点小利而斤斤计较，

孩子又怎么能学会宽容呢？

爸爸宽容、大度、遇事不斤斤计较，与邻里、同事之间融洽相处，孩子就会学着爸爸的样子处理同学之间的关系，也会变得宽容、好善、乐于与人相处。

建议二：教孩子明白“人无完人”

爸爸应该让孩子明白：金无足赤，人无完人，有缺点和不足是人性的必然。和同学相处，和朋友相交，完全没有必要求全责备，应该学会求同存异。

对于朋友的缺点和不足，对于同学心情不好时所说的话和所做的事，没有必要斤斤计较，事事都摆个公平合理。

多给人一分宽容和理解，同时也为自己带来一份好心境，使自己的个性更加完善。

建议三：培养孩子善待他人的意识

这位聪明的爸爸恰到好处地教会了孩子怎样待人。孩子一旦学会善待他人，就学会了宽容别人，因为孩子已经有了一颗友善的心、宽容的心。那么，自然地孩子也就会在日常生活行为中容忍他人，宽容他人了。

爸爸应该让孩子明白，他人是自己的影子，善待他人，也就是善待自己。对他人多一份理解和宽容，其实就是支持和帮助自己。

建议四：用故事教育孩子学会宽容

故事是教育孩子的重要手段，国内外有体现宽容品质的小故事，爸爸可以借此教育孩子。

通过故事还能够教会孩子站在别人的立场、角度去考虑问题，有利于孩子去理解别人的想法与行为，让孩子对别人的痛苦感同身受，激起孩子的宽容、善良之心。

艾柯卡之父培养孩子要乐观

李·艾柯卡，美国著名企业家。1970年担任福特汽车公司总裁，并组织开发了“野马”车，创造了销售史上的奇迹。后来担任克莱斯勒汽车公司总裁，把这家濒临倒闭的公司从危境中拯救过来，使之成为全美第三大汽车公司。在20世纪80年代，成为美国商业偶像第一人。

1924年10月15日，艾柯卡生于美国宾夕法尼亚州。父亲尼古拉是来自意大利的移民，他12岁搭乘移民船来到美国白手起家。尼古拉是一位乐观主义者，即使在大萧条的艰苦岁月中，也始终持乐观态度。

父亲的乐观深深影响着艾柯卡，每当艾柯卡遇到困难想要退缩时，父亲就鼓励他要勇往直前，不要半途而废。

艾柯卡的父亲经常告诉他：“人生有起落，每个人处于逆境都要安之若素。你得明白，生活中不如意的事情总是有的，人生若没有一些不如意的事作比较，你就不会真正懂得什么是幸福了。”

早期的意大利移民，在美国备受歧视。面对不公平的待遇，艾柯卡开始很气愤，父亲总是说：“不要着急，太阳明天还会出来。”

艾柯卡是一个有骨气的孩子，在学校他认真学习，学习成绩总是名列前茅。他考入了美国利哈伊大学，获得了工程技术和商业学两个学士学位。后来又在普林斯顿大学进修，其间获得了硕士学位。

1946年8月，艾柯卡来到底特律，在福特公司当了一名见习工程师。经过一段时间的适应，他发现自己不适合这份工作，于是他要求到销售部门做推销员。

经过自己的努力，他终于得到了晋升的机会，然而他的好日子持续的时间并不长。20 世纪 50 年代初期，美国的经济发展并不景气。这也影响到汽车行业，福特公司也大批裁人，销售部就裁减了三分之一，艾柯卡也降了级。

坚强的艾柯卡顶住了压力，1953 年凭借出色的表现艾柯卡当上了费城地区的主力销售经理。但是公司不再把主要精力放在注重汽车性能和马力的工作上，而把重点放在汽车的安全设备上，艾柯卡正是这次改革的发起者。

但是艾柯卡失败了，受到了沉重的打击。这时他想起父亲常说的一句话："太阳明天还会升起来！"他没有沉溺在失败中，而是仔细分析了失败的原因，随后推出分期付款的计划，并获得成功。

随后他又组织开发了"野马"车，创造了汽车销售史上的奇迹，被称为"野马"之父。凭借自己的努力和出色的业绩，1970 年，艾柯卡当上了福特公司的总裁。他曾为福特公司挣了 18 个亿，创造了福特公司历史上的奇迹。

后来由于受到亨利·福特二世的猜忌，1978 年，艾柯卡被亨利·福特解雇了。

在回忆失业的那段日子时，艾柯卡曾说："1978 年 7 月 13 日那天，我被解雇了。我已经当了 8 年福特公司的总裁，当了 32 年的职员，我从未在别处干过。而现在，我突然失业了，这真是太令人伤心了。"

离开福特公司的艾柯卡收到了很多公司的邀请，最终他选择了克莱斯勒公司。当时的克莱斯勒公司面临有史以来最严重的亏损，这意味着艾柯卡得从头开始。

在回答为什么选择克莱斯勒公司时，艾柯卡说："我们每个人在一生中总会遇到逆境，有时坏事却变成了好事。有时情况极为险恶，迫使你不得不与命运拼搏，战而胜之。正是父亲的话是我在几个星期之后担任了克莱斯勒公司的总裁。"

在艾柯卡的努力和全体员工的拼搏下，20 世纪 80 年代，克莱斯勒公司走出了困境。

艾柯卡的成功离不开他的努力，更与他的乐观心态分不开。乐观的心态帮助他在一次次的商业危机中愈挫愈勇，战胜一个个苦难，最终成为汽车销售行业的神话。

名人教子启迪

乐观是一种健康的性格倾向。乐观的人总是能看到事情比较有利的一面，期待最有利的结果。儿童心理学家马丁塞利格曼认为，乐观不但是迷人的性格特征，还有更神奇的功能，它能使人对生活中的许多困难产生心理免疫。

乐观的人总是认为自己命运不错，即使遇到一些挫折，他相信自己有能力改善现状；即使处于不幸，他还是认为能够克服不幸。

这样的生活态度，许多心理辅导工作者都认为，与童年的快乐经验有关，特别是与爸爸的关爱和乐观的态度有关。

要想让孩子变得乐观一点，首先爸爸必须区分乐观和悲观这两种性质截然相反的思想情绪。根据专家的解释，两者之间最大的区别就是对有利和不利事件原因的解释。

乐观主义者认为，有利的、令人快乐的事情不仅总是永久的，而且是普遍的。乐观者能努力促使好事发生，而一旦不利的事件发生了，也能视为暂时的，不具普遍性的，对其发生原因也能采取乐观豁达的态度。

而悲观主义者考虑的恰恰相反：他们认为好事总是暂时的，坏事才是永远的；好事只是靠碰运气，偶然发生的，坏事才是必然的。在解释坏事发生的原因时，他们也常常犯错误：或是每件事情都责怪自己，或是全部诿过于他人。

悲观主义在性格上是“灾难性”的。如某个孩子因为没能加入篮球队，就大哭大闹，这是故意夸大事情的严重程度，并且在感情上对夸大了的事情而非实际情况做出同步反应。当爸爸认同了孩子的悲观想法，往往会加重他的悲观情绪。

乐观是成功的催化剂，是应对人生中悲伤、不幸、失败、痛苦等不良事件的有力武器。艾柯卡面对生活的种种挫折，一直保持乐观，才能获得最后的成功。

爸爸应当努力培养孩子乐观的良好品质，让孩子学会用豁达的心态对待生活，这是促使其快乐健康地成长的必要保证。

专家给父亲的教子建议

建议一：给孩子营建快乐的家庭环境

孩子形成乐观的性格，家庭环境最重要。家庭的气氛，家庭成员之间的关系，在很大程度上会影响孩子性格的形成。

研究表明，孩子在牙牙学语之前就能感觉到周围的情绪和氛围，尽管当时他还不能用语言来表达。可以想见，一个充满了敌意甚至暴力的家庭，绝对培养不出开朗乐观的孩子。

因此，爸爸一定要给孩子创造快乐、温馨的家庭环境。

建议二：帮孩子学会进行自我分析

随着年龄的增长，孩子的自我意识越来越强，自我分析能力也就随之产生。

但是，孩子年龄毕竟还小，自我分析能力弱，有了一点成绩，就沾沾自喜；遇到一点困难，又会垂头丧气。沾沾自喜一多，容易产生高傲的性格；垂头丧气一多，又会养成悲观的性格。

爸爸务必促使孩子的长处发扬光大，并审时度势地给予表扬和鼓励。在孩子遇到困难时为孩子分析原因，有针对性地予以克服，让孩子对自己有正确的认识。

建议三：塑造孩子乐观阳光的性格

孩子现有的性格是否属于悲观性格，爸爸应该有一个明确的认识，而且与孩子的认识应该一致。如果都认为现有的性格不好，应当重塑，爸爸就要鼓励孩子不必灰心丧气，明白“性格可以重塑”的道理，帮助孩子建立乐观向上的信心。

爸爸还可以指导孩子从乐观性格认同中，决心重塑自己的性格。所谓“认同”，是指认定自己和某一对象具有或可以具有相同特征的心理过程。性格认同，就是认定自己和某人性格一样，经过努力可以实现。

爸爸可以在日常生活中经常给孩子讲述先进人物、优秀同龄人的故事，还可以将孩子和具有乐观性格的孩子组织在一起，学习、读书、画画、弹琴等，激发孩子向乐观性格认同，达到重塑孩子性格的目的。

建议四：教孩子学会调节自我心理

在家庭中，爸爸应随时注意观察孩子的情绪，指导孩子及时排除心理障碍，学会自我调节情绪，使悲观情绪、不良情感或其心理障碍及时得到化解，也就不会导致悲观性格的形成。

比如，孩子有了苦闷，要让他尽量诉说，发泄其情绪，不要让他的委屈长期压在心头，更不要不问青红皂白地批评、斥责；还可以回避孩子敏感、忌讳的话题；或者转移孩子的思路，减轻心理负担，等等。

爸爸对待孩子的态度，往往是孩子乐观性格形成的重要因素。

裴度之父鼓励孩子坚定地相信自己

裴度，字中立，河东闻喜人。唐代后期杰出的政治家。德宗贞元五年进士。宪宗元和时累迁司封员外郎、中书舍人、御史中丞，转升为宰相。为人耿直，勤于职守，屡遭排挤，却享有颇高的威望。裴度以功业著称，在文学上也颇有成就。主张“不诡其词而词自丽，不异其理而理自新”。

裴度生于一个官宦家庭，裴度的祖父裴有邻曾任濮阳县令，父亲裴溆当过河南省渑池县丞。裴度小时候面相丑陋，个子矮小，不被周围的人喜欢。曾有一个算命先生看到裴度后，断言他将来必定死于饥饿之中。

算命先生的话加重了左邻右舍对裴度的厌恶，他们认为裴度是一个没有出息的人，更不让自己家的孩子和裴度玩。

到了上私塾的年龄，裴度被送到学堂念书。看到裴度丑陋的脸，同学们嘲笑他，连教书先生都不愿意教他。这些事都让裴度很难过，他不明白为什么大家都以貌取人。

有一天，裴度从私塾回家，看到父亲忍不住哭了起来。父亲从未见过儿子如此伤心，关切地问他发生了什么事。

裴度告诉父亲，同学们都不愿意和他玩，他们常拿纸条扔他，说他是个没出息的孩子，将来会饿死。裴度越说越伤心，又忍不住哭了起来。

父亲摸摸裴度的头，温和地问他：“你相信你将来会饿死吗？”裴度抬头看着父亲，擦干眼泪想了想，他摇摇头。父亲接着说：“没有人一生下来就注定将来怎么样，你也一样。但是如果你现在不努力，将来就一定会饿死。”

听了父亲的话，裴度决定要努力学习，学到本领。裴度不再理会别人对他的讥讽和嘲笑，他每天比别的孩子起得早，读书更用功。裴度非常聪明，理解能力比一般的孩子都高，加上父亲给他的帮助，每次考试，他总是拿最高分。

裴度的成绩让教书先生对他刮目相看，曾经小瞧他的同学们也不再瞧不起他了。裴度也越来越自信了。父亲不仅教裴度学好书本知识，还让他多接触社会。每次外出办事，他都会尽量带上裴度，让裴度接触不一样的生活，增长见识，开阔视野。

除了学识，父亲也注重对裴度品德的教育，他常对裴度说："一个人如果只是空有学识而没有道德修养，必然难成大器，甚至可能会成为百姓的公敌。"父亲常给裴度讲述历史上那些有才无德的人，告诫儿子要做对百姓有利的事。

在父亲的关怀和自己的努力下，裴度不仅学识出众，而且为人品德高尚，获得了人们的尊重。但他对自己的相貌耿耿于怀，他把写诗做文章作为自己的出路，因为这样不必面对太多的人，他从未想过在官场上和人打交道。

父亲却鼓励他参加科举考试，他告诉裴度，一个人的才华到达一定程度时，人们就不会关注他的容貌，而会被他的才华吸引。容貌是不能决定的，但是未来是可以争取的。

裴度没有辜负父亲的期望，一举考中进士，并担任太尉。他为官勤政，后来官至宰相，为治理国家做出了很多贡献。

裴度从不相信命运，他用自己的行动，推翻了算命先生为他预测的命运，改变了人们的看法。裴度证明了一句话：命运掌握在自己的手中。

名人教子启迪

美国哲学家爱默生说过："自信是成功的第一秘诀。"自信就是相信自己。只有自己相信自己，别人才会相信你。自信的力量是惊人的，它是一种积极的心理品质，是促使人奋进的内部动力，是一个人取得成功所必备的、重要的心理素质。

自信是孩子在学习上取得成功的阶梯和动力。大凡有所成就的人无不具有超凡的自信，他们敢于尝试，就算失败也能被自信拉一把，从而获得成功。

相反，一个孩子如果缺乏自信，不能勇敢地抓住成功的机会，还会时常被颓废和绝望困扰，给生活和学习造成不必要的影响，甚至会因此耽误自己的一生。

就像裴度，如果他不相信自己，认为算命先生的话是正确的，自己注定被饿死，那么他就不会积极努力，更没有官至宰相的未来了。

对于一件事情，如果孩子坚信自己可以取得成功，他就会努力去争取。就算遇到困难，他也不会随便怀疑自己的能力，而是勇敢解决，这样的孩子总会获得成功；反之，孩子对自己没有信心，一遇到困难便畏畏缩缩，这样的孩子难以登上胜利的高峰。

曾有专家对全国各地 2000 多名 6 岁到 12 岁的孩子进行关于自信心的调查，半数的孩子对自己的胜利条件及学习能力、交往水平缺乏自信。

但是专家进一步的调查却发现，这些孩子其实很优秀，由此可见孩子缺乏自信对孩子的心态发展具有无形的危害。

自信心作为一种心理品质，它的树立贯穿于孩子整个性格的形成过程中。自信心的树立，有助于孩子其他性格的完善。它是孩子一生中宝贵的财富，是孩子成长过程中的精神食粮，它能帮助孩子努力克服困难，排除各种障碍，使孩子更好地表现自己，实现自己的价值。

由此可见，合格的爸爸有责任帮助孩子树立自信，积极地面对生活和学习。

专家给父亲的教子建议

建议一：用赏识激发孩子的自信

赏识教育是孩子成长路上的营养剂，爸爸对孩子的赏识教育，可以使丧失信心的孩子重拾信心，也可以帮助困境中的孩子坦然面对挫折和困难，但是很多爸爸都喜欢抱怨自己的孩子不够优秀，盯着孩子的缺点不放。

不自信的孩子需要来自爸爸的赏识，爸爸是孩子最可信赖的人，只要爸爸给予孩子赞美和赏识，孩子就会变得自信。

建议二：从特长中帮孩子找信心

孩子的特长是孩子所擅长和感兴趣的，会为孩子带来愉悦的体验。爸爸要培养孩子的专长，在孩子自愿及喜欢的基础上，让他学会诸如唱歌、跳舞、游泳等特长。

孩子掌握了这些技能，有机会在公共场合展现自己，能在社交中吸引别人的注意力，同时也能帮助孩子树立起信心。

建议三：用成功体验增加孩子的自信

大部分的孩子都有自尊心，喜欢享受成功的快乐，并能将这种愉悦持续很长一段时间。爸爸要分析孩子的这种心理，善于发现孩子的每一点进步，并不失时机地给以鼓励，用成功体验增加孩子的自信，在孩子享受成就感的时候点燃其自信的火花。

但要注意不能让孩子因为这些成功盲目自信，要时刻注意防止孩子“翘尾巴”。

建议四：给孩子制定合理的目标

爸爸对孩子的期望值决定了孩子的努力程度。爸爸要全面客观地评价自己的孩子，给孩子确立适合的目标，基本保证孩子通过努力可以实现，或是跳一跳就够得着。

给孩子制定合理的目标，当目标达到时，孩子就会获得自信。如果目标过低，达不到发展孩子能力的目的，目标过高会让孩子产生挫败感，都不利于孩子自信心的树立。

建议五：帮助孩子克服自卑心结

自卑的孩子往往缺乏自信。自信是成功的首要秘诀。自信在孩子的成长过程中发挥着很大的作用，它是孩子取得好成绩和不断进步的动力。帮助孩子克服自卑心结，才能让孩子的身心健康发展。

爸爸要在生活中留意孩子的心理变化，一旦发现孩子存在自卑心理，就要积极引导，将自卑从孩子心理上驱除，让孩子找回自信。

居里夫人之父告诉孩子内心坚强能战胜一切

玛丽·居里，波兰裔法国籍女物理学家、放射化学家。两度获得诺贝尔奖，也是第一位两次荣获诺贝尔科学奖的伟大科学家。与其丈夫共同发现了放射性元素镭，是放射性化学和物理的奠基人。担任过 25 个国家 106 个荣誉职位，接受过 7 个国家 24 次奖金和奖章。

玛丽·居里，1867 年 11 月 7 日生于波兰华沙的一个教师家庭，她是家中最小的孩子,有三个姐姐和一个哥哥。父亲斯克罗夫斯基是一名中学教师，曾经在俄国圣彼得堡大学留学。母亲也是一名中学教师，

斯克罗夫斯基博学多才，会讲八国语言，对文学和诗歌还有研究。斯克罗夫斯基是一个坚强的人，面对家国的不幸，他从来没有被打垮。家庭的熏陶让玛丽·居里从小就接触到很多的知识，父亲的坚强更是让她受益匪浅。

玛丽·居里在理解能力上高于哥哥姐姐，父亲的工作室是她最喜欢的地方。那里有很多新奇的东西，能改变数值的温度表和气压表、透明的玻璃管、好玩的小天平……还有很多她叫不上名字的仪器。

玛丽常常向父亲提出很多稀奇古怪的问题，父亲总是不厌其烦地解释给女儿听，还告诉她一些仪器的用途。可以说，玛丽·居里对物理的爱好就是从这里起航的。

然而，在玛丽的成长中，遭遇了很多不幸。在玛丽 8 岁的时候，父亲被解除了督学的职务，还降低了薪水，家里的住房也被收回去了。原因是父亲替一个说错了俄语的波兰学生辩解，遭到沙俄政府的敌视。

祸不单行，玛丽9岁时，一个姐姐得了伤寒去世了，两年后身患肺结核的母亲也撒手人间。全家笼罩在悲伤的气氛中，父亲扛起了所有的责任，照顾剩下的四个孩子。

斯克罗夫斯基努力帮助孩子们从悲伤中走出来，和孩子们共同面对生活和学习。他把自己掌握的知识悉数教给孩子，利用家里的实验器材，把晦涩的科学知识讲得趣味横生，孩子们学得津津有味。

虽然生活不如从前，待遇也降低了，但是斯克罗夫斯基不向命运屈服的精神，深深地感染着孩子，这是他们一生都受用的精神财富。

1883年，16岁的玛丽以优异的成绩高中毕业，但是由于用功过度，她的身体健康受到了严重的破坏。玛丽的身体不好，心情也很糟糕。

关心她的父亲为了让她更好地疗养身体，便把她送到乡下叔叔家里去住。父亲还为她规划好锻炼的项目，一年后，玛丽的身体恢复了，而且比以前更好了。良好的身体和精神状态对她以后全身心地投入科学实验至关重要。

由于波兰当时已丧失国家主权，受沙俄的统治，所以当时的孩子只能到法国或者瑞士上大学。父亲的收入微薄，只能满足一家温饱。父亲感到很愧疚，玛丽理解父亲，她告诉父亲，她能自己挣钱上大学。

坚强的玛丽为了挣钱上学，当了一名家庭教师，为了缓解父亲的负担，她向在巴黎学医的姐姐资助学费。但她从没有放弃学习，玛丽一边工作一边学习，后来考入巴黎大学，专攻物理学，还得到数学和物理学的理学博士称号。

玛丽的坚强让她实现了自己的理想，还帮助她成为伟大的科学家。提到她的成功时，她曾动情地说：“是父亲给了我一切。”

名人教子启迪

坚强是孩子的一种重要的品质。坚强的孩子勇于独立去面对和克服自己生活中的困难，并用一种积极乐观的心态来看待自己生活中碰上的事情。做事情时更具有独立的精神，能自己独自完成的事情就不去依赖别人。坚强的孩子在成长过程中，能够在遭遇挫折后获得更大的成长，不仅增强了自己的能力，也增加了自己的自信。

很多成功人士都具有坚强的性格，在进取的过程中有顽强的意志和坚忍不拔的毅力。为了自己的人生目标和理想，能够一直保持旺盛的热情持续地为之奋斗。而性格脆弱、意志力不坚强的人，在学习和事业上都很难取得长足的进步。甚至什么事也坚持不下去，最终在蹉跎中虚度了自己的一生。

坚强不是天生的，它是在孩子的成长过程中通过锻炼学习而培养出来的。培养孩子坚强的性格会让孩子受用一生。玛丽虽然生活条件艰苦，但因为父亲给予的坚强，让她勇敢地战胜了各种困难。

当爸爸有一天不能陪伴孩子的时候，孩子也可以用自己坚强的意志力，来坦然地面对生活中的一切困难和挫折，百折不挠，最终取得成功。

爸爸在日常生活中，对于孩子出现的困难和失败，不能因为觉得孩子小就都帮孩子挡下来或扛住。这种做法不利于培养出孩子坚强的个性。

坚强都是在一次次的失败中又一次次地站起来才逐渐形成的。如果不想让孩子去自己面对失败，不能鼓励孩子勇敢地站起来，孩子也就永远学不会坚强。

专家给父亲的教子建议

建议一：爸爸要做孩子坚强的榜样

让孩子学会坚强，爸爸先要做好表率。爸爸还要经常给孩子灌输面对困难要坚强的思想。对孩子来讲坚强的培养，可以具体到生活中的每一件小事。

当孩子在面对生活中的小困难、小挫折时做到了坚强，将来在碰到更艰险的情况时也会去勇敢面对。

建议二：让孩子学会独立解决困难

爸爸在平时的生活中，要逐渐培养孩子独立克服困难的习惯。不要让孩子养成有困难就找爸爸的依赖心理。

孩子只有学会了独自去面对问题并解决问题，才能不断地提升自己的办事能力，以及遇到困难后勇敢去面对和去克服它的信心。

建议三：培养孩子坚韧的意志力

坚强源于坚韧的意志力，可以通过体育锻炼来培养。在孩子成长的过程中，通过体育锻炼来磨炼孩子，不仅培养了孩子的意志力，还能帮孩子强身健体。

坚韧也就是学会做事情有始有终，不达目的不放手。如果孩子能够做到每天晨跑，年复一年，孩子的坚韧品质也就渐渐形成了。

建议四：对孩子的失败多给予鼓励

孩子面临困境时太脆弱，爸爸要多给予鼓励。尤其是在孩子遭遇失败的时候，如果爸爸给予的是批评和讽刺，只会让孩子更加不自信与懦弱。甚至会对爸爸产生逆反，渐渐地走向极端。

对于孩子的失败应该少批评，多表扬，帮他渐渐地找回自信，找回勇气。

建议五：教孩子学会激励自我

自我激励能够使自己离目标更近，影响孩子成功的因素，除了体力、智力之外，还有一个更重要的就是心理因素了。

如果能够在行动过程中不断地进行自我激励，那么就会使孩子获得更大的动力。能够对事情坚持下去，时刻保持自己的信心，用这种心态去做事，会获得更好的收获。

第八章

成功源于一些细小的习惯

威廉·亨利·布拉格之父培养坚忍的意志力

威廉·亨利·布拉格，英国物理学家、化学家、杰出的社会活动家。与其子威廉·劳伦斯·布拉格通过对X射线谱的研究，提出晶体衍射理论，建立了布拉格公式，并改进了X射线分光计。1915年与其子威廉·劳伦斯·布拉格一同获得诺贝尔物理学奖。

威廉·布拉格，1862年7月2日出生于英国威格顿的一个贫穷的家庭里，父母都是社会最普通的劳动者。尽管父母辛勤劳动，可是收入很少。即使这样，他们还是省吃俭用，为儿子积攒上学的学费。

威廉·布拉格自幼就知道生活的艰辛和父母的良苦用心，所以他很珍惜来之不易的学习机会，学习格外用功。上中学的威廉·布拉格成绩很突出，所以中学毕业后被保送进了威廉皇家学院。

威廉皇家学院在英国享有很高的名气，学生也多是富人家的孩子，在穿衣吃饭上很奢侈。威廉·布拉格临走时，父母为他准备了家里最好的衣服，父亲还把自己的旧皮鞋脱下来给儿子穿上。

带着父母的期望，布拉格离开了家。当他来到威廉皇家学院时，身上的一切显得与周围的环境格格不入。他衣着破旧，态度谦和，和那些趾高气扬的富家子弟比起来显得很寒酸。

走在校园的路上，威廉·布拉格总能听到背后七嘴八舌的议论：“看前边这个人，真寒酸！”“快看他的皮鞋，说不定是偷来的。”“他的头发真奇怪。”……这些话钻到布拉格的耳朵里，但他每一次都是默默地走开。

布拉格知道自己背负着父母的期望，从不和那些富家子弟计较，但还是发生了意外。有人到学监办公室里告状，说布拉格脚上的皮鞋是偷来的。学监想布拉格的家庭条件是买不起皮鞋的，就相信了那个诬告者的话。

于是就把布拉格叫到学监室，布拉格刚进门，学监就盯着他不合适的鞋，板着脸问：“你的皮鞋是哪里来的？”布拉格先是一愣，他没有说话，随即从口袋里掏出一封信递给学监。

学监看完信后沉默了，他把布拉格抱在怀里。许多关心布拉格的同学围在学监室的门口，他们看到平日里严肃的老学监的举动，都很吃惊。他们不知道信上写的什么内容，让学监变得这样激动。

其实，这是布拉格父亲写给儿子的信：亲爱的孩子，真的很抱歉，让你穿着爸爸的鞋去上学。我知道其他孩子会因此而嘲笑你的，但是我相信，你不会感到耻辱……将来有一天，你再在事业上取得了成就，你会为自己曾经穿过这样一双鞋子而感到骄傲的……

学校后来澄清了事实，还给了布拉格清白。布拉格也没有让贫穷和凌辱吓倒，他学习更加用功，以优异的成绩赢得了老师和同学的尊重。

几年后他以优异的成绩，被学校保送到剑桥大学三一学院专门攻读数学。在剑桥大学学习期间，他依然异常勤奋，连续几年参加年度数理竞赛，成绩始终名列榜首。

尽管布拉格换上了新皮鞋，但父亲的那双旧皮鞋始终被他珍藏在心里，激励他勤奋努力。

布拉格的父亲是一个有远见的人，他没有让贫穷击倒，还培养了儿子顽强坚忍的性格。他教给儿子做人的尊严，为孩子树立坚定的信念，这是比金钱更可贵的。

名人教子启迪

坚忍的意志力是孩子成功必备的品质，它是保证和维持孩子奋斗的内在心理力量。一个没有坚忍意志力的孩子，即使拥有过人的才华，也难以取得成功。

这是因为，才华只能决定一时的成败，而人生的成功必须通过克服重重困难，必须依靠孩子坚忍的意志力的辅助才能实现。

事实证明，三天打鱼、两天晒网的学习或者工作难以实现人生的目标，也不可能取得成功。只有日复一日地努力，不怕困难，勇于迎接挑战的孩子，才能在人生的战场上取得胜利。

著名科学家爱迪生曾说，很多生活中的失败，是因为人们没有意识到，当他们放弃努力时，距离成功是多么近。这句话尖锐地指出了坚强的意志是成功的必要条件。

这个世界上并不缺少拥有伟大梦想的人，但是许多人在走向梦想的路上没有坚持下来，遇到困难就对自己的能力产生了怀疑，没有勇敢地面对困难和挑战。成功和失败有时也许只有一门之隔，许多人却因为缺乏坚忍的意志力而没有能够推开这扇门。

心理学家研究表明，坚忍的意志包括自觉性、坚毅性、自制性和果断性四个基本因素。孩子缺乏意志的表现主要有：孩子从来不自觉地学习；孩子学习时没有长性，总是半途而废；孩子学习时总是受到玩具、游戏的诱惑；孩子做事犹豫不决，不能果断地下决定。

当然，孩子年纪小，缺乏知识的积累和必要的生活阅历，这使得他的意志力水平相比成人来说更低一些，这也是正常的表现。但是对于孩子缺乏意志力的行为表现，爸爸不能听之任之，而应该有意识地进行引导。

如果爸爸能在孩子的早期教育中在孩子心里播下意志力的种子，那么孩子在以后的生活和学习中必然能够表现出更坚忍的意志力。就像布拉格，因为父亲帮助他塑造了坚强的意志力，使得他面对种种非议时，能够默默承受。

一个意志坚忍的孩子，对于学习和生活中的种种压力和挑战都能勇敢地面对和承担，从而积极地应对。

专家给父亲的教子建议

建议一：鼓励孩子尽力做好每一件事情

孩子心智发展还不成熟，做事情容易受到外界环境因素的影响，遇到困难更容易想到放弃。这是孩子正常的心理和行为表现，爸爸应该理解这种行为，但是在这种认识下，爸爸应该鼓励孩子尽力做好自己手头正在做的事情。

千里之行，始于足下。爸爸应该鼓励孩子做好自己能做好的一切事情，例如当孩子写作业遇到难题时，让他尽力思考，能做到哪一步就到哪一步，但是不能因为题目太难而干脆放弃不做了。

建议二：利用名人激励孩子坚强起来

每一个成功者都必然具备坚忍的意志，因为没有哪个人的成功不是克服重重困难，依靠坚忍的意志力支撑而获得的。爸爸在对孩子进行教育时，可以多利用名人的榜样进行激励。

爸爸有空的时候，可以陪孩子去观看一些再现名人成功历程的电影，也可以给孩子购买一些名人的传记，让孩子从名人成功的故事里体会到意志力的重要性，并利用名人的榜样时刻激励孩子。

建议三：创造机会让孩子锻炼

现在的孩子物质生活特别优越，从来没体会过生活的艰辛，没吃过什么苦，连上学和放学这样简单的事情也由大人陪同，这也是使孩子缺乏意志力的原因之一。

所以，爸爸要注意，一定不能娇惯孩子，更应该创造机会让孩子在生活中锻炼他坚忍的意志力。

在周末的时候，爸爸可以带孩子去参加一些体育活动，例如登山，长途远足等，利用这种“劳其筋骨”的方法锻炼孩子的意志力。平时在生活中也要多让孩子参与家务劳动，最重要的是培养孩子遇到困难不退缩的意志品质。

建议四：利用目标激励孩子

没有目标就像在黑夜中行走，这也是许多失败者失败的原因。为了让孩子看到希望的灯塔，爸爸可以给孩子设置一个目标，让孩子朝着目标努力，这种目标激励的作用会让孩子为了实现目标而自觉地克服困难，迎接挑战。

在学习上，爸爸可以每天给孩子设置一个目标，这个目标难易程度应该根据孩子的个人情况确定，不能过于简单，也不应该过于艰难；爸爸还可以指导孩子把大的目标分解成许多小的目标，以每天完成多少来积累最终的成功。

黑格尔之父培养孩子认真的态度

格奥尔格·威廉·弗里德里希·黑格尔，德国古典哲学家、客观唯心主义者、辩证法大师。19世纪末，在美国和英国，一流的学院哲学家大多都是黑格尔派。主要作品有《精神现象学》《逻辑学》《美学》《法哲学原理》等。

1770年8月27日在德国符腾堡公国首府斯图加特一个官吏家庭，诞生了一个新生命——黑格尔。父亲路德维希·黑格尔是路德派的教徒，在政府里担任税务局书记。母亲玛丽亚是一个很有教养的家庭妇女。

黑格尔的家庭是一个中产阶级，既没有上流社会的浮躁之气，也没有下层人民的怨天尤人。黑格尔的家庭保守而平静，这种环境对黑格尔性格的养成有很大的影响。

在对待儿子的教育上，父亲只是期望儿子受到良好的教育，具有绅士风度，能够靠自己的本事养活自己，并没有想象儿子能成为达官显贵。父亲的愿望很实际，只是希望儿子成为一个有知识有身份的人。

抱着这种想法，在黑格尔3岁的时候，父亲为他请来了一位家庭教师，教黑格尔识字和规范的言行。小时候的黑格尔身体不好，经常生病，而且长得并不可爱，整天低着头很少说话，没有一点生气。

性格严肃的父亲，开始时用要求成人的态度严格教育孩子，这就使本来性格内向的黑格尔更加沉默寡言。由于父亲过分注重对孩子的文化教育，轻视了对孩子的体育锻炼，使身体本来就不健壮的黑格尔，身体更差。

后来，父亲意识到自己的失误，就加强了黑格尔的体育锻炼。不可否认，在父亲的教育下，黑格尔养成了读书的良好习惯，而且这种习惯陪伴了他的一生。

黑格尔的早期教育是系统而严格的，这为他接受系统的教育打下了良好的基础。黑格尔到了 7 岁，父亲考虑到学校教育比家庭教育更适合孩子，更加系统，于是就把黑格尔送进了附近的一所小学。

当时的学校教育是比较松散的，上课的时间并不多。如果仅仅按照学校的规定来上课学习，黑格尔会有很多的空闲时间，他可以有大把玩耍的时间。可是，父亲没有放松对黑格尔学习的监督。

他亲自为黑格尔制订学习计划，而且每天尽量抽出时间询问黑格尔的学习进度。他认为，时间就是知识，有知识就会有才能。

一天晚上，黑格尔的父亲回家很晚，全家都已经睡下了。黑格尔听从母亲的劝告也上床睡觉了。迷迷糊糊中发现父亲回来了，父亲回来后的第一件事就是检查黑格尔的作业。他拿出儿子的作业本仔细检查，发现了几处错误。

于是，父亲就把还在睡梦中的黑格尔叫起来，询问他为什么会写错。意识还不清醒的黑格尔也不知道为什么会做错，父亲就让他把错的题重新做一遍。黑格尔坐下来，认真地改正作业中的错误。

父亲严格认真的态度，对黑格尔影响很深，使黑格尔养成了严谨认真的习惯。

父亲对他学业的严格要求，让黑格尔受益匪浅。他从童年开始，就大量阅读哲学和文学作品，为他以后的哲学之路打下了坚实的基础。

名人教子启迪

认真是一种做事的态度，无论是生活中还是学习上，如果想做成一件事情，没有认真的态度作为保障就很难顺利地完成一项任务，做好一件事情。

做任何事情最怕“认真”二字，只要认真就能克服一切难题，就能冲破一切难关。如果对一件事认真起来，一个人就会发挥一切潜力，想尽一切办法，去对付眼前的困难阻碍，尽一切力量把事情做得尽善尽美。

古今中外所有取得成就的人没有一个不具有做事认真的态度，无不是认真专注，勤勉刻苦。认真做事是一种态度，同时也是一种习惯，是习惯就是可以培养的。

培养孩子做事认真的习惯要“从小做起”，这个从小做起有两层含义：一是要从小时候开始培养；二是要从小事做起。

认真的孩子是细心的，认真的孩子是专注的，认真能让孩子在学习上超过孩子，认真能让孩子做任何事充满信心。认真做事的孩子是美丽的，认真做事的孩子最具有吸引力。

由于年龄关系，孩子小的时候注意力不能长时间集中，加上意志力不是很坚定，这些都影响孩子做事的态度。很多孩子一件事还没做完就没了耐心，更别说认真了。培养孩子做事认真的态度，爸爸需要根据孩子的年龄特点和脾气个性采取方法。

爸爸在孩子成长中一定要注重培养孩子做事认真的态度，这是让孩子做事取得成功的基础，是培养孩子人格魅力的一个重要方面。

专家给父亲的教子建议

建议一：让孩子认识到认真的重要性

培养孩子认真的习惯，爸爸首先要让孩子认识到认真的重要性。只有孩子有个很好的认识，他才能自觉主动地去坚持。

在孩子学习时，爸爸可以通过孩子自身的实例来教育他，当他认真地去学习，把题目全都做对的时候，爸爸可以告诉孩子这是认真的成果；当孩子由于不认真做错题目的时候，爸爸可以告诉他这是不认真的结果。

孩子在认识到认真和不认真会获得两种截然不同的结果时，他想把事情做好就会认真对待所做的事情了。

建议二：让孩子丢掉马虎的毛病

和认真做事相反就是马虎做事，也就是说马虎就是做事不认真，只有让孩子丢掉马虎的毛病，才能让孩子养成做事认真的习惯。

马虎是认真的大敌，让孩子养成认真的习惯，必须改掉马虎的毛病。

建议三：告诉孩子要永不言弃

做任何事情都不会一帆风顺，让孩子学会勇敢地面对困难和挫折，不要被困难吓倒。做事要学会坚持，要有始有终，不能半途而废。

认真的人只要自己有了目标，就有不达目的决不罢休的勇气与毅力。放弃也许能得到一时的轻松，但是并不是做事的正确态度。

小的时候孩子面对的是学习，放弃攻克难题，孩子的成绩就不能进步，长大了孩子面对的是生活和工作，如果这时面对困难再选择放弃，孩子将无法在社会上立足，无法生存下去。

因此，爸爸必须让孩子学会坚持，永不言弃。

建议四：让赞誉激励你的孩子

赞誉能让孩子获得心里的满足，每当孩子做好一件事时，爸爸要适当地给以赞扬和肯定，让孩子感受到自己的努力是值得的，然后会为了爸爸的满意、为了获得成功后的成就感而继续努力，认真做好每一件事。

激励是给孩子最好的奖赏，孩子无论做什么事都希望被肯定、被赞扬，爸爸要适时地给予孩子心理的满足，这样就会激励孩子更加认真地去做事。

建议五：学会利用“期望效应”

期望效应又称皮格马利翁效应、罗森塔尔效应。人们形象地形容期望效应：“说你行，你就行；说你不行，你就不行。”目前“期望效应”被经常用在儿童教育学上。

“期望效应”就是孩子会顺着爸爸的期望成长，所以，爸爸要对孩子做事认真有所期望，孩子自然接受到这个信息，会顺着爸爸的期望去做。

王献之之父培养孩子的勤奋品质

王献之，字子敬，书法家、诗人。王羲之的第七个儿子，以行书和草书闻名后世。王献之幼年跟随父亲羲之学书法。书法众体皆精，尤其以行草著名。敢于创新，不局限于一体，为魏晋以来的今楷、今草做出了卓越贡献。在书法史上被誉为“小圣”，与其父并称为“二王”。

王献之是王羲之的第七个儿子，其父王羲之是我国伟大的书法家，对楷书、草书、行书有很深的造诣。王献之受父亲熏陶，从小就对书法有很特别的爱好，他七八岁开始跟着父亲学书法。

每次王羲之练习书法的时候，王献之总是会饶有兴趣地在旁边观赏，还常常学习父亲自己练习。工献之学习的兴致很高，也很勤奋。慢慢地他也能写一手好字了，在私塾里他的书法无人能及，老师和同窗们都夸奖他。

有一次，王羲之看儿子正聚精会神地练习书法，就悄悄走到他身后，突然伸手去抽王献之手中的毛笔。王献之笔握得很牢，没有被抽掉。王羲之很高兴，夸赞儿子握笔姿势不错，将来一定能成大器。

还有一次，王羲之的一位朋友让王献之在扇子上写字。他挥笔便写，不小心墨落在扇子上，弄脏了扇面。

王献之没有着急，他灵机一动，在弄脏的地方就势画了一头小牛，被弄脏的扇面有字有画，更有一种意境。众人对王献之的书法绘画赞不绝口。

过多的赞誉让王献之有些飘飘然了，他开始觉得自己也能像父亲一样写出好的作品。于是，他态度开始变得骄傲，不再认真练习书法了。

儿子的变化，父亲王羲之都看在眼里。他觉得儿子在书法上的天赋确实高于常人，但是如果要成为一个出色的书法家，还必须要更刻苦。儿子的天分帮助他过早地获得了常人没有的能力，但是也容易使孩子产生自满的情绪。

同时王羲之深知儿子的个性，他是不会轻易听取别人的意见的。要帮助儿子必须找到合适的方法。

有一天，王献之来到父亲的书房，对父亲说："这样每天练习书法太累了，有什么方法可以快速练成吗？"王羲之明白儿子的意思，便打开窗户。王献之顺着父亲的目光向窗外看去，除了平常见到的东西，他看到了十八个大水缸。

父亲说："你什么时候用光了十八口水缸里的水，就找到练字的方法了。"听了父亲的话王献之知道自己的功夫还差得远，想到刚才的态度，不由得脸红了。

王献之低头向父亲承认了错误，并牢牢地记住了父亲的话。从此以后，王献之每天刻苦练习书法，还经常向父亲请教不懂的问题。

刻苦的练习，让王献之的字有很大的进步，他渴望得到父亲的认可。他把一大堆写好的字给父亲看，希望听到父亲的表扬。不料，王羲之看着他的字，却不住地摇头。

当掀到一个"大"字时，父亲露出了满意的表情，并随手在"大"字下加了一个点。然后一言未发，把字稿全部退还给王献之。

王献之心中很不服，又把字拿给母亲看，愤愤不平地向母亲诉苦。母亲认真地看了，最后指着王羲之在"大"字下加的那个点儿，叹了口气说："吾儿磨尽三缸水，唯有一点似羲之。"

连母亲都这样说，王献之顿时像泄了气的皮球。他有气无力地说："这太难了！这样下去，什么时候我的书法才能像父亲呢？"

母亲见儿子没有了往日的傲气，知道现在他能听得进劝告，就鼓励他说："孩子，只要工夫深，就没有过不去的河、翻不过的山。你只要像这几年一样坚持不懈地练下去，就一定会达到目的的！"

经过这件事，王献之真正静下心来练习书法。儿子的每一点进步，王羲之都看在眼里。但他还是很少夸奖这个容易骄傲的儿子。

经过两年的不懈努力，王献之把一幅自认为不错的字拿给父亲看。王羲之认真地端详着儿子的字，王献之却是心里没有底。当他看到父亲脸上露出满意的笑容时，他非常高兴。这时的王献之心性已经稳定了。

后来，王献之的字也到了炉火纯青的程度，也成为一代有名的书法家。他的字和父亲王羲之的字并列，被称为书法界的“二王”。

名人教子启迪

爱因斯坦曾说：“在天才与勤奋之间，我毫不迟疑地选择勤奋，她几乎是世界上一切成就的催产婆。”的确，没有勤奋，谁也不可能成功。聪明往往只能决定一时的成败，而勤奋努力则决定孩子一世的命运。

王献之经过勤奋练字，书法水平略有提高，听到众人的表扬变得骄傲起来。此时，父亲告知他想要成为优秀的书法家，还需要更加勤奋刻苦，这让王献之更加勤奋。

在对孩子进行早期教育时，爸爸应该让孩子明白，努力学习和尽最大的努力学习的这种精神，远远胜过他考试所达到的等级或获得的分数。

爸爸应该鼓励孩子尽其所能，尽自己的最大努力来学习。事实上，并不是每个人都能获得高分，因此，这种方法会使所有的孩子都受益。

爸爸应该鼓励孩子的学习过程，比如做练习、做家庭作业中，更加集中注意力，使勤奋成为孩子的一种良好习惯，一种优秀的品质。

实际上，孩子做练习和家庭作业要占整个学习活动百分之九十以上的时间，而只有少数时间用于表现成就，进行考试、参加竞赛、当众展示学业成果。因此,爸爸应该更重视在孩子平时的学习活动中培养他的勤奋精神。

在现实生活中，有些爸爸只重视孩子努力学习，而从来或很少过问孩子的学习方法。结果，孩子虽然不笨，学习也很努力，但因学习方法运用不恰当，学习效果总是很微小，孩子的学习兴趣也日渐低落。

因此，在培养孩子勤奋努力的品质时，爸爸应该同时关注孩子形成正确的学习方法，让孩子学会如何学习。

勤奋是一种品质，一种良好的学习和工作态度。而孩子这种品质的养成需要爸爸从小对孩子进行引导和教育。

专家给父亲的教子建议

建议一：鼓励孩子热爱劳动

勤奋是一种优秀的品质，是一种良好的习惯，也是一种认真的生活态度。

为了鼓励孩子去劳动，爸爸可以设置一些劳动付费项目，鼓励孩子去做家务活。另外，爸爸还应该告诉孩子作为家庭的一分子，也有责任分担家务。

建议二：利用榜样激励孩子勤奋

利用榜样的力量来激励孩子形成勤奋的好习惯。

利用积极的榜样来激励孩子是一种良好的方法。孩子没有形成完善的世界观和人生观，不能完全判断事情的正误，在这个时候，榜样的作用无疑是最大的。

建议三：对孩子的勤奋精神进行表扬

要表扬孩子的勤奋努力精神，鼓励他逐渐走向成功。

孩子考试失利，原因很多，爸爸不能因此完全否决孩子的努力；在孩子平时的学习中，爸爸应该更加注重培养孩子勤奋和努力的学习态度，教导孩子选择正确的学习方法。考试失利是一时的，但勤奋的品质却是一生的财富。

松下幸之助之父告诉孩子坚持才能赢得胜利

松下幸之助，日本著名实业家，松下电器的创始人，被人称为“经营之神”。9岁离开学校，开始了长时间的学徒生涯。1918年，松下在大阪建立了“松下电气器具制作所”。7年之后，成了日本收入最高的人。他创造了独特的经营模式，在激烈的国际竞争中立于不败之地。

松下幸之助生于1894年11月26日，他出生的地点是日本和歌山县海草郡的一个小山村。松下这个姓氏，来自当地的一颗大松树。松下家族世代为农，平淡无名。

松下幸之助的父亲松下正楠虽然也在土地上务农，但他对社会活动有很大的热情，不是传统意义上的农民。

松下正楠后来被选为村委会的议员，他把大部分时间参与到村委会和村公所的工作当中。常常把农事交给佃户，在某种意义上他也算得上是一个地主。

童年时代的松下幸之助在父亲和哥哥姐姐的包围中，过得幸福而温馨。

美好的生活是短暂的，在松下幸之助4岁的时候，一场百年不遇的台风卷走了松下家的老宅，一家人只能在外边生活，风餐露宿。

在松下幸之助5岁那年，父亲大米投机生意失败了，家境逐渐落泊，祖传的土地和房子都变卖还债了。

为了维持生计，父亲用剩余不多的资金开了一个木屐店，两年后，木屐店倒闭了。屋漏偏逢连夜雨，幸之助的大哥、二哥、二姐也因为得了流感，没有钱看病而去世。

一家人陷入了巨大的悲痛中。尽管如此，家里人还是支持松下幸之助继续上学。后来，松下正楠在大阪一家创立不久的私立盲哑院找到了工作，一个人前往了大阪。

父亲每个月寄来微薄的收入，留在家里的松下幸之助和母亲开始了贫困的生活。那时候的松下幸之助还不能理解生活的艰辛，他学习不用功，是一个成绩普通的学生。

由于家庭的困顿，当松下幸之助读到小学四年级时，父亲来信让他辍学，到大阪当学徒。从此，年仅 9 岁、小学还没有毕业的幸之助离开了学校，来到一个陌生的城市，开始了他的学徒生涯。

松下幸之助首先在宫田火盆店当学徒，宫田火盆店是个小作坊商店，什么活都有。作为小学徒的松下幸之助的主要工作是看孩子和磨火盆。在这里，他尝到了生活的艰辛和不易。

松下幸之助在火盆店只干了三个月，这个店就倒闭了。松下幸之助又到一个自行车店里当学徒，不堪忍受的松下幸之助多次要求父亲，让他回家继续上学，每次都被父亲回绝了。

父亲常说："从前的伟人，小时候都在别人家里做过工，只要下苦功夫就会成为优秀人才。你不要觉得辛苦，要坚强忍耐。"

想到父亲这些年的辛苦，年轻的松下幸之助开始理解父亲对自己的期望了。他开始踏实地干活了，在自行车店里，松下幸之助一干就是六年，这六年为他后来在商界大显身手奠定了基础。

1910 年，电能开始在日本得到应用，大阪市开通了电车。17 岁的松下似乎看到了未来，于是，他决定离开自行车店，投身电气业。

离开自行车店的松下幸之助，开始为姐夫打零工。但他对这种工作没有多大热情，而是对自己的工作成就十分看重。这时候，他开始考虑独立创业了。

每当遇到苦难，松下幸之助都会想起父亲。不管遇到多大的困难，坚持一下，说不定下一步就是成功。

23 岁的松下在大阪以 75 日元起家，建立了"松下电气器具制作所"。虽然当时的条件很艰苦，但是松下幸之助没有放弃，他带领制作所员工一同努力，相继推出了先进的配线器具、炮弹形电池灯、电熨斗、无故障收音机、电子管、真空管等一个又一个受欢迎的产品。

7年之后，而立之年的松下幸之助成了日本收入最高的人。

松下幸之助的成长，离不开父亲松下正楠的影响。当年松下正楠做生意失败，但他从没有被打倒。这种不折不挠的精神，深深影响着松下幸之助。

松下幸之助在创业的过程中，也经历了很多挫折，但他始终谨记父亲的忠告：人不管失败多少次，假如不失去“再试一次”的勇气，一定会成功。

名人教子启迪

成功有几个很重要的品质：一是在面临挫折时的坚持力；二是善于为实现目标而不断积累；三是自信。

坚持力对于孩子来说是非常重要的，前两个条件都和坚持有关系。爸爸想要培养一个成功的孩子，就要让孩子学会坚持，尤其是在面对困境的时候。

在松下幸之助遇到困难，想要放弃的时候，他的父亲告诉他，不管失败多少次，只要坚持做下去，就一定能够取得成功。

这也给了爸爸一定的启示，爸爸要告诉孩子，做任何事情都不是一下子就能成功的，碰到挫折在所难免。有的人放弃了，所以永远地失败了，而有的人坚持了下来，最终取得了成功。

孩子缺乏坚持力，表现在做事情上就是没有耐心，一碰到困难就想退缩。

面对挫折时的坚持力，被认为是判断一个孩子心理素质优劣、心理健康与否的重要标准，也是孩子未来成功的关键因素之一。爸爸帮助孩子提升面对挫折时的承受力，对于孩子今后的人生道路会有重大的影响。

孩子面对挫折缺乏坚持的耐心，胆怯退缩，会让孩子做事不能有始有终，做事虎头蛇尾，那么就会离成功越来越远。爸爸一定要鼓励孩子在遇到困难时也要坚定地走下去。

面对挫折的坚持力也是要慢慢培养的，爸爸一定要耐心。如果爸爸先放弃了而让孩子来坚持，只能让孩子在面对困境时，越来越想放弃。

专家给父亲的教子建议

建议一：让孩子树立成功的信念

好的信念会支撑孩子去坚定地完成任务。人在很多时候选择坚持下去，就是因为他们抱着必胜的信念，信念支撑了他选择继续坚持。

让孩子树立起一个强烈的信念，有了这个信念，孩子就会更主动地向目标前进。也使孩子在面对困难和挫折时，能够去努力坚持。

建议二：教会孩子自我激励

孩子在遭遇挫折和困难时，有来自爸爸或是他人的鼓励是很好的安慰。如果没有，就需要孩子学会自我激励，尽快调整自己的情绪，坚持下去，战胜挫折和困难。

爸爸要教会孩子：在心里记住自己成功的事，这表明自己有能力战胜挫折，以增强自己的自信心；让孩子学会把握自己的情绪，多产生积极的思维倾向；认识到适当的压力也是一种动力等。

做到这些，孩子就能在积极的自我激励中激发潜能，坦然面对挫折。

建议三：让孩子做事有始有终

对事情做到有始有终，可以在无形中练就孩子面对挫折不轻言放弃，勇敢坚持的心态。这让孩子离成功越来越近。

孩子做事肯定会碰到各种各样的困难和挫折，爸爸一定要让孩子学会有始有终地来做事情。孩子会为了能够最终完成任务，积极地去寻求解决的办法，最终把事情完成。这样孩子以后就不会惧怕困难了。

建议四：鼓励孩子坚持到底

对于在困境中的孩子，爸爸要多给予鼓励，鼓励孩子坚持下去，再坚持一小时，一天，一个月，最终坚持到成功。

孩子在面对困难不想坚持下去的时候，爸爸要多跟孩子说一些鼓励性的话，让孩子在精神上先不要放弃，继续去努力，积极面对每一个细节。

爸爸要告诉孩子，不论是财富还是知识，都是像爬山一样，要通过坚持和累积才能逐渐掌握成功。一个不善于坚持的孩子，想通过一蹴而就获得成功，是不可能的。

任何成功都是一个一步一步积累的过程。认真对待前进中的每一个细节，如听好每一节课，做好每一道题，坚持不懈，才能真正学好和做好事情。

爸爸的鼓励非常重要，这可以促使孩子最终走向成功。

比尔·盖茨之父让孩子专注一件事

威廉·亨利·盖茨，美国微软公司的创始人、董事长。他顺利进入哈佛大学，一年后辍学。与保罗·艾伦共同创建微软公司，28岁成为全球电脑大王。从1995年到2007年的《福布斯》全球亿万富翁排行榜中，比尔·盖茨连续13年蝉联世界首富。

比尔·盖茨于1955年10月28日，出生在美国西海岸华盛顿州西雅图的一个中产家庭。父亲威廉·亨利·盖茨是当地的著名律师，有很强的社交能力，在当地很有名气。

父亲为比尔·盖茨的学前教育花费了很多心血。为儿子请钢琴老师、体育老师……但是比尔·盖茨只有三分钟热度，都没有坚持下来。

比尔·盖茨不是一个乖巧的孩子，他做事磨磨蹭蹭，以至于经常迟到。还总是咬铅笔头，不注意个人卫生，很少叠被子，而且常常在吃饭时读书。但是，父亲发现比尔·盖茨有时候很沉静，像是在思考一些问题。

后来，经过家庭的协商，父亲决定把比尔·盖茨送到一个新的环境中学习。因为新的环境能培养出良好的学习、生活习惯，还能锻炼一个人的适应能力。

于是，父亲把比尔·盖茨送到了以自由文明著称而且环境优美的私立学校——湖滨中学。这所学校有各种协会，还有兴趣小组，比尔·盖茨喜欢这种气氛，在这里他的数学天分得到了充分的发展。

他曾回忆道："老师们碰到棘手的难题就交给学生解决，而不像其他学校的老师那样，直接把这道题毙掉。"

比尔·盖茨在湖滨中学上学的日子里，全身心地投入到自己感兴趣的科目中，对自己不喜欢的学科就应付了。所以造成了他有的科目很优秀，而有的科目成绩很糟糕。

父亲威廉看到儿子的成绩后，没有责备儿子。他知道儿子不是不用功，只是把自己的时间用在了需要的地方，这种专注力是很珍贵的。

1967 年的美国，计算机刚刚兴起不久。办学理念前卫的湖滨中学率先开设了计算机课，购进了计算机。学校规定 16 位出类拔萃的学生可以首先进入这个学习班。

酷爱数学和计算机的比尔·盖茨作为其中之一，率先接触了电脑。正是在这里，比尔·盖茨认识了同样对电脑感兴趣的保罗·艾伦。

比尔·盖茨经常利用电脑编出一些小软件，他玩的得心应手。他的电脑水平在学校里很出众，是湖滨中学有名的“电脑迷”。有一次，一位高年级学生在操作一个 BASIC 程序时遇到困难，比尔·盖茨在键盘上敲了两下，便弄出了正确的程序。

上了高中的比尔·盖茨常常从学校溜出来，和好友保罗·艾伦一起为一家计算机公司做“测试”工作。

而此时，父亲为他设计好了未来的发展之路：考入哈佛法学院，以后成为律师。比尔·盖茨 1973 年也以高分被哈佛大学法学院录取，但是，除了计算机，他对别的课程都没有兴趣。

比尔·盖茨大二那年，他和艾伦决定专门研究计算机。有了这个念头，比尔·盖茨就不再犹豫，他决定从哈佛退学。因为他认为如果等到他从哈佛毕业，就已经失去了改变世界的机会。

父亲极力反对比尔·盖茨的决定，曾多次要求他冷静下来想一想。毕竟，如果比尔·盖茨顺利从哈佛毕业，就能得到一个大学学位，而且也会有稳定的工作。

最终父亲还是选择了理解儿子的理想和事业，他知道，从小到大，比尔·盖茨只专注于数学和计算机。比尔·盖茨得到了父亲的同意，他退了学。

1975 年他和好友艾伦创建了微软公司，取得了极大的成功。比尔·盖茨有一个信念，就是：“计算机将成为每个家庭、每个办公室中最重要的工具”。

正是在这样信念的引导下，他专注于计算机软件的开发，并获得了成功。

名人教子启迪

著名教育专家指出，孩子只有形成一种专心的习惯，才可能在日后对自己的事业全身心投入，不会被其他事情干扰。专注的学习能力直接关系到孩子日后的工作或学习能否取得成功。

比尔·盖茨的父亲是位英明的父亲，在他发现比尔·盖茨做事情只有三分钟热度、没有坚持下来时，也能发现比尔·盖茨的专注点，把他送到合适的环境中学习。

爸爸也要向比尔·盖茨的父亲学习，当孩子注意力不集中、学习或做事三心二意时，要引起足够的重视，看看是否是自己的教育出了问题。

孩子的注意力是一个不断发展的过程，不同年龄段孩子的注意力是不同的，而同一个年龄段的孩子由于各种因素的影响也存在差异。但是注意力的集中以及专注的良好学习习惯完全可以通过爸爸有意识地引导和训练得以练成。

一般来说年龄越小的孩子注意力越难以集中，这是一种正常的现象。对于孩子的三心二意，爸爸不要过于担忧。但应该在遵循这些规律的前提下，有意识地训练孩子的注意力，努力培养他专注的学习习惯。

孩子只有养成专注的习惯，才能更有效率地学习。漫不经心地学几天，不如专心致志地学一个小时，因为这一个小时，孩子的注意力全部集中在学习内容上，能够产生高效率的学习。

有的孩子做作业不专心，做会儿语文作业，又拿起数学作业开始做，结果语文作业没做好，数学作业也做得一塌糊涂，浪费时间，又浪费精力。

一般来说，小时候做事情三心二意的孩子，长大了之后做事情也难以养成专注的习惯，工作不认真，工作效率低下，而且想法很多，实践的却少。

注意力不集中是低效率、严重浪费时间的行为，爸爸应该努力帮助孩子克服这个缺点，逐渐养成孩子专注的好习惯。

专家给父亲的教子建议

建议一：查找孩子注意力不集中的原因

帮助孩子养成专注的良好习惯，爸爸应该首先寻找出孩子注意力不专心的原因，针对原因再做出相应的纠正措施。

孩子注意力不集中的原因不一而足。一般来说，孩子好奇心比较重，容易受到外界干扰，这是他注意力不集中的主要原因。

针对这种情况，爸爸可以帮助孩子努力创造一个干扰少的学习环境。另外，年龄太小的孩子由于身体各项机能还未发育完整，因此注意力不容易集中，爸爸需要做的是根据孩子的生理特点进行有意识地教育和指导。

建议二：为孩子创造安静的学习环境

一般上小学的孩子注意力容易分散，他没有足够的自制力，即使爸爸跟他说许多遍要专心，孩子还是会东张西望。

对于这种情况，爸爸应该尽量为孩子提供一个安静无干扰的学习环境，为他提供一个独立的书房。孩子在学习时不要去和他聊天，更不要在家里弄出大的声音影响孩子。

对于高年级的孩子，爸爸应该培养孩子对外界干扰的免疫力，使他有足够的自制力控制自己的注意力，这样有利于孩子更好地适应社会环境。

建议三：培养孩子的效率观念

孩子写作业时三心二意，因为他总是觉得自己还有许多时间可以完成作业，心中没有形成良好的效率观念。因此，爸爸要努力培养孩子的效率观念，要让孩子知道在有限的时间内把作业写完的益处。

爸爸可以为孩子规定完成作业的时间，在时间的限制下，他就会更加迅速地行动起来，努力想办法高效地完成任务。

建议四：在游戏中锻炼孩子的注意力

孩子都比较喜欢玩，很难安静下来。对于这种孩子，应该用他最喜欢的游戏等方式来训练他的注意力。

爸爸开始时可以把游戏设置得简单一些，让孩子有成就感。这种培养孩子专注力的游戏，不仅可以培养孩子的注意力，更能促进良好的亲子关系的形成。

建议五：利用目标激励孩子专注起来

孩子学习不专心，总是拖延时间，爸爸可以为孩子设置一定的目标，让他自己争取时间来完成任务，否则就要接受惩罚。

如果孩子按时完成爸爸安排的任务，则可以得到一定的奖励。在这些目标的激励下，孩子会强迫自己专心地去学习，以争取更多的时间来完成额外的学习目标和任务。

富兰克林之父告诫孩子要学会反省自己

本杰明·富兰克林，18世纪美国著名的科学家、政治家、外交家、哲学家、文学家和航海家以及美国独立战争的伟大领袖。他一生最真实的写照是他自己所说过的一句话：“诚实和勤勉，应该成为你永久的伴侣。”代表作品有《穷查理年鉴》《富兰克林自传》等。

1706年1月17日，本杰明·富兰克林出生在北美洲波士顿的一个贫穷的家庭。他的父亲乔赛亚·富兰克林是一个漆工，生有17个孩子，富兰克林是家里的第15个孩子。

富兰克林从小机敏聪明，深得父亲喜爱。父亲非常注意对这个小儿子的教育，从小教育儿子学会自我反省。

富兰克林家养了一只猫，有一天，富兰克林急着出去玩，忘了把家里的鱼收好，回来后发现猫把鱼吃了。

晚上父亲回家后，发现没有了鱼，就问富兰克林怎么回事。富兰克林若无其事地说，鱼被猫偷吃了。富兰克林的态度让父亲很生气，他责备富兰克林没有收好鱼。

富兰克林委屈地说：“这件事怎么能怪我呢？猫喜欢吃鱼，我们家有鱼，我总不能时刻盯着猫吧。”

听到儿子的狡辩，父亲决定好好教育一下他。于是，他严肃地对富兰克林说：“猫当然有责任，但是和它比起来你更有在责任。因为猫吃鱼是出于它的本性，你明知道猫吃鱼，却没有把鱼收好，导致鱼被吃，所以你的责任更大。孩子，你要学会反省自己啊！”

富兰克林听后，认真想了想父亲的话，觉得父亲说得很有道理。从此以后，他遇事非常注意反省自己。

小时候的富兰克林热爱读书，抓紧一切机会学习。父亲看到儿子的好学也非常欣慰，他希望富兰克林将来成为一位德高望重的牧师。

可是家里的条件越来越窘迫，富兰克林无法再继续接受教育。12岁的富兰克林辍学回家，跟父亲学习制造蜡烛，几个月后又跟随哥哥詹姆斯学习印刷。

当了印刷工的富兰克林，没有忘记反思自己的行为。他认为，离开学校并不意味着学习的结束，而是学习的开始。

他从伙食费中省下钱来买了很多书，同时，利用业余时间到书店看书。在那里他结识了几家书店的学徒，常常将书店的书在晚间偷偷地借来，通宵达旦地阅读，第二天一早就送还书店。

富兰克林阅读的范围很广，从自然科学的通俗读物，到著名发明家的论文以及有名作家的经典作品，都是他阅读的范围。

长大后的富兰克林取得了一些成就，虽然工作应酬很忙，但他每周总要抽出时间，把自己关在书房里，安安静静地反思自己一周的行为：哪里没有做好？为什么没有做好？今后应该如何改进等。

对于自省的认识，他的理由是：如果每年检查自己的行为，那么一年只有一次机会改正错误；如果每月检查一次，一年有十二次机会改正错误；如果每天反省一次，一年就有三百多次改正错误的机会。

由于富兰克林的工作很忙，他常常废寝忘食，但他还是不忘自我反省。

正是富兰克林时刻反省自己，才使他不断地完善自己的行为和知识。最终在多个领域取得了不凡的成就，受到了美国人民的尊敬。

名人教子启迪

自省是认识自我的最高智慧。每个孩子都需要自省，都应该学会自省。只有自省，才不会重复犯同样的错误；只有自省，才会从自身找原因；只有自省，才能够发现自己的不足之处，及时进行弥补和修正。

正如富兰克林的父亲对他的指导那样，富兰克林通过自省，发现了自己的不足，也通过从自身寻找原因，避免了很多错误。

儒家学派的创始人孔子很早就说："见贤思齐焉，见不贤而自省也。"意思是说看见别人身上存在的优点，自己也要想办法具有；看见别人身上存在的缺点，反思一下自己，如果发现自己也有类似的毛病，就应该及时改正，做到"有则改之，无则加勉"。

老子也曾说："知人者智，自知者明；胜人者力，自胜者强。"即能够看清楚他人，这人是有一定智慧的，能够认清自己的人，这人是比较聪明的；能够战胜他人的人，是因为力气大的缘故，能够战胜自己的人，是真正的强者，无所不敌。

因此，爸爸要在孩子很小的时候，就引导孩子学会自省，明辨是非。爸爸要让孩子学会反省自己，学会自我批评，这样不断地战胜自身的缺点，完善自我，使人生达到更高的高度。

专家给父亲的教子建议

建议一：教孩子学会明辨是非

爸爸要想让孩子学会自省，首先要使孩子学会明辨是非，客观地对待和评价自己及周边的人和事。

如果孩子不知道什么是错，什么是对；什么是善，什么是恶，是不可能学会自省的，因为他本身没有这个能力。

建议二：使孩子学会自我批评

孩子有了错误，爸爸如果忍气吞声，不加追究，孩子有了第一次之后，还会做第二次、第三次。

对于孩子的缺点，或者所做的错事，爸爸一定要及时教育孩子，让孩子进行反省，学会自我批评。只有这样，孩子才能够深刻地认识到自己的错误，在自我批评中学会待人处事，从而健康成长。

建议三：让孩子勇敢承担错误

孩子不听从爸爸的劝告，由于自己的错误造成了不良的后果，爸爸要让孩子学会承担。这看似有些不近人情，实则是为了让孩子接受教训，告诫孩子以后不要犯类似的错误。

这样时间长了，孩子不但能够时常反省自己的错误，长大后也会主动担负起各种责任。

建议四：和孩子一起总结经验教训

教孩子学会经常反省，直到成为一种自觉的行为习惯。

爸爸告诉孩子，在反省后给自己做个总结，既总结经验，也总结教训，以后做事吸取以前的经验，借鉴以往的教训，就可以不犯同样的错误，少走冤枉路。

这样帮助孩子尽快完美自我，使以后的人生路走得更顺利和平稳。

希尔顿之父让孩子做一个理智的人

康拉德·希尔顿，美国旅馆业巨头，人称旅店帝王，全球最大的连锁旅馆创始人。第一次世界大战期间曾服过兵役，被派往欧洲战场，退伍后经营旅馆业。在1919年创建第一家“希尔顿酒店”。希尔顿经营旅馆业的座右铭是：“你今天对客人微笑了吗？”希尔顿的“旅店帝国”已伸延到全世界。

1887年12月25日，康拉德·希尔顿出生于美国新墨西哥州。希尔顿的父亲奥古斯都·胡威·希尔顿是一个富有激情的人，对童年的希尔顿影响很大。

希尔顿生活的边陲小城很不安全，有很多流浪的人和逃亡者。很多像希尔顿父亲一样的拓荒者手里都有枪，但是希尔顿从未见过父亲带枪。

父亲告诉希尔顿说，自己从来不带枪。对此，希尔顿非常不理解。父亲时常和一些具有不安定因素的人做生意，他们中很多人是酒鬼、亡命徒，即使这样，父亲也没有带过枪。

有一次，希尔顿实在忍不住了，就问父亲为什么不带枪。父亲对他解释道：“我只有两条路可供选择，一种是永远带枪，一种是永远不带枪。”

希尔顿不明白父亲为什么只有这两种选择，他继续听父亲说：“不带枪是靠你的智慧，带枪是靠你拔枪的速度和命中率。可是，只要你带枪，你就有机会拔枪。你知道吗？孩子，有多少人因为拔枪慢了点而永远地倒下了。”

希尔顿认为，尽管父亲说得很有道理，但是还是无法说服他。他依然认为，在不确定的环境中是应该带枪的。

希尔顿 13 岁的一个夏天的晚上，发生了一件事，彻底改变了他的看法。

那天晚上，酒店已经关门了。希尔顿听从母亲的吩咐，到酒店里去叫父亲回家吃饭。刚走进店门，希尔顿就被眼前的事情吓呆了：父亲被一个喝醉酒的农民用枪指着胸膛。

那个农民说，再过一个祷告的时间他就开枪。所有人都屏息凝视，他们不知道接下来会看到多么血腥的场景。

希尔顿的父亲却不紧不慢地说话了，虽然听不到父亲在说什么，但是希尔顿看到那个喝醉酒的农民的手开始颤抖。最后他把抢丢在了地上，伏在父亲的肩膀上痛哭。所有的人，包括希尔顿，都被这戏剧性的一幕惊呆了。

在回家的路上，希尔顿好奇地问父亲，是不是相信那个醉汉说的话。父亲说："我相信他说的话都是真话。"

希尔顿说："如果您当时也带着枪的话，就不会被他拿枪指着了。"说着，希尔顿回想起刚才的一幕。

父亲拍拍希尔顿的肩膀，说道："孩子，你想一想。如果当时我也带了枪，那么我们两个人一定会有一个躺倒。"

希尔顿无法想象疼爱自己的父亲躺下再也起不来的情景，他非常庆幸父亲没有带枪。

从此以后希尔顿认识到：暴力并不能解决所有的问题，理智将取代野蛮。理性是解决问题的最好选择。

名人教子启迪

理智和感情是一个对立的概念，相互矛盾，不能融合，一个人在不同的时候、不同的事上有时候表现得理性，有时候表现得情感化。有时候这两种观念会同时冲击着，让人不知如何抉择。

希尔顿的父亲是一个理智的人，即使面对生命受到威胁的情况，他也能够理智对待，化险为夷，这也是教给希尔顿的重要一课。

理智是一个人用以认识、理解、思考和决断的能力。理智思考的基础是客观、实际，是现实。理智的行为表现在决断上，一个理智的人能通过对事情现实的分析，然后做出合理的决断，按此行为就能达到预想的目标。

生活中很多事情必须靠理智才能解决问题，不是靠情感、情绪。现在很多事都提倡理智，比如理智消费，理智择业等等，说明理智是科学的，只有理智才是合理的。一个人要想事情做得圆满必须建立在对事物本质分析的基础上，然后客观地提出解决方案。

孩子是感情的动物，做事难免会受主观情绪的影响，容易感情用事，这样自己一时的感情满足了，但是最后的结果却不能令人满意。

所以，做事感性且冲动的孩子容易失败，遭受打击。只有理智能让孩子达到目的，获得成功。

为了孩子在认识的道路上少遭受失败、挫折，爸爸必须让孩子学会做事理智，不能感情用事，更不能情绪化地处理问题。

专家给父亲的教子建议

建议一：让孩子学会分析现实

现实是做一切事情的基础，脱离这个基础事情就没有落脚点，也就无从下手，更不可能获得成功。

因此，爸爸一定要让孩子学会分析现实情况。孩子能够分析现实，就说明孩子有了理智的眼光，就会客观地看待事情。

建议二：让孩子考虑决定的可行性

爸爸让孩子做事情要有依据，把决定建立在可行的基础上，不要只从主观出发，不顾现实能不能实现就去做，这样势必会使自己的感情遭受打击，严重的会让自己受到伤害。

对于妄想的不切实际的东西，就如空中楼阁，都是不现实的，爸爸要让孩子站在现实中看世界，不能把决定放在虚无的基础上。

建议三：不让孩子凭主观妄下结论

爸爸要让孩子明白无论说话做事都要有凭有据，不能主观猜想，更不能随意瞎编乱造。要实事求是，在事实的基础上说话做事。

让孩子不要做个多嘴的孩子，对任何事都需要求证，只有自己找到确实的证据再去相信，再说再做。不能主观臆测，不能妄下断言和决定。理智会让孩子保持清醒的头脑，对问题会有个清晰的思路，这样才能有利于问题的解决。

建议四：锻炼孩子的逻辑思维能力

爸爸可以通过锻炼孩子的逻辑思维能力，让孩子遇到问题能够动脑筋，通过逻辑推理让孩子拥有一颗理智的大脑。

爸爸可以通过让孩子做一些逻辑性比较强的数学题目，让他学会逻辑思考。也可以让孩子看一些侦探、破案的小说锻炼孩子的逻辑思维能力。

逻辑思维能力不同于文学性的感性思维，逻辑性要求理性思维，而文学则感性的成分比较多。锻炼孩子的理智思维可以适当让孩子学点逻辑学。

建议五：爸爸要做理智的人

爸爸的行为对孩子有很大影响，培养孩子理智面对问题，爸爸首先要做个理智的人，不能感情用事，不能太情绪化。理智的行为会让孩子耳濡目染受到熏陶。

例如，爸爸在对待一个问题时，可以和孩子一起讨论，多分析原因，多找几个解决方案，然后选择最优最可行的方案去实施，最后获得预期效果，这就影响孩子以后能够理智做事。